KÖNIGS ERLÄUTERUNGEN

Band 159

CW01429573

Textanalyse und Interpretation zu

Günter Grass

DIE BLECHTROMMEL

Rüdiger Bernhardt

Alle erforderlichen Infos für Abitur, Matura, Klausur und Referat
plus Musteraufgaben mit Lösungsansätzen

Bange *Verlag*

Zitierte Ausgabe:
Grass, Günter: *Die Blechtrommel*. Roman. München: Deutscher Taschenbuch
Verlag (dtv 11821), [18]2008. Der vorliegende Text entspricht der von Volker
Neuhaus und Daniela Hermes herausgegebenen Werkausgabe, Göttingen:
Steidl Verlag 1997, Bd. 3, hg. von Volker Neuhaus.

Über den Autor dieser Erläuterung:
Prof. Dr. sc. phil. Rüdiger Bernhardt lehrte neuere und neueste deutsche
sowie skandinavische Literatur an Universitäten des In- und Auslandes. Er
veröffentlichte u. a. Studien zur Literaturgeschichte und zur Antikerezeption,
Monografien zu Henrik Ibsen, Gerhart Hauptmann, August Strindberg und
Peter Hille, gab die Werke Ibsens, Peter Hilles, Hermann Conradis und anderer
sowie zahlreiche Schulbücher heraus. Von 1994 bis 2008 war er Vorsitzender
der Gerhart-Hauptmann-Stiftung Kloster auf Hiddensee. 1999 wurde er in die
Leibniz-Sozietät gewählt.

Hinweis:
Die Rechtschreibung wurde der amtlichen Neuregelung angepasst.
Zitate von Grass müssen auf Grund eines Einspruches in der alten Recht-
schreibung beibehalten werden.

Das Werk und seine Teile sind urheberrechtlich geschützt. Jede Verwertung
in anderen als den gesetzlich zugelassenen Fällen bedarf der vorherigen
schriftlichen Einwilligung des Verlages. Hinweis zu § 52 a UrhG: Die öffentliche
Zugänglichmachung eines für den Unterrichtsgebrauch an Schulen bestimmten
Werkes ist stets nur mit Einwilligung des Berechtigten zulässig.

2. Auflage 2015
ISBN: 978-3-8044-1976-6
PDF: 978-3-8044-5976-2, EPUB: 978-3-8044-6976-1
© 2007, 2011 by Bange Verlag GmbH, 96142 Hollfeld
Alle Rechte vorbehalten!
Titelbild: Original-Blechtrommel aus dem Film © picture alliance/dpa
Druck und Weiterverarbeitung: Tiskárna Akcent, Vimperk

5. MATERIALIEN

6. PRÜFUNGSAUFGABEN
MIT MUSTERLÖSUNGEN

LITERATUR

STICHWORTVERZEICHNIS

1. DAS WICHTIGSTE AUF EINEN BLICK – SCHNELLÜBERSICHT

Damit sich jeder Leser in diesem Band sofort zurechtfindet und das für ihn Interessante entdeckt, folgt eine Übersicht.

⇨ S. 22 ff. Im 2. Kapitel wird **Günter Grass' Leben** beschrieben und auf den **zeitgeschichtlichen Hintergrund** verwiesen:

⇨ S. 22 ff. → Grass wurde **1927 in Danzig** geboren, seit 1919 war Danzig der selbstständige Freistaat „Freie Stadt Danzig". Am 1. September 1939 ging dieses Staatsgebilde durch den deutschen Überfall auf Polen zu Ende. Grass verlor seine Heimat: 1945 mussten die Familienangehörigen Danzig, wo sie als Kleinbürger in einem Vorort gelebt hatten, verlassen. Grass nahm als Soldat an den letzten Kriegsereignissen teil, lernte nach Zwischenstationen Steinmetz, studierte Malerei und wurde einer der bedeutendsten Schriftsteller des 20. Jahrhunderts. Grass starb 2015.

⇨ S. 27 → Sein Hauptwerk *Danziger Trilogie* (Titel nach John Reddick) wurde mit dem Roman *Die Blechtrommel* eröffnet, der die Zeit von 1899 bis 1954 umfasst und damit auch Kindheit, Jugend und Ausbildung des Schriftstellers. Endgültiger Heimatverlust ist für die *Danziger Trilogie* das zentrale Thema.

⇨ S. 27 → *Die Blechtrommel* bedeutete Grass' Eintritt in die Weltliteratur, obwohl der Roman in Deutschland heftige Auseinandersetzungen auslöste.

Im 3. Kapitel findet der Leser eine Textanalyse und -interpretation.

Die Blechtrommel – Entstehung und Quellen:

Anfänge finden sich 1950 in Gedichten. 1952 erfolgte die Konzentration auf den Zwerg Oskar Matzerath, der Paten, u. a. Laurence
Sterne, E. T. A. Hoffmann und Heinrich Heine, hat. Die Tradition
des Bildungs-, Erziehungs- und Künstlerromans wurde aufgegriffen
und auf den Kopf gestellt, die des pikaresken Romans weitergeführt.
1958 erhielt Grass für den Roman den Preis der Gruppe 47, 1959
erschien der Roman.

⇨ S. 26 ff.

Inhalt:

Oskar Matzerath, Insasse einer Heil- und Pflegeanstalt, der mit drei
Jahren sein Wachstum einstellte, erzählt zwischen 1952 und 1954
sein Leben, das 1924 in Danzig beginnt und ins Nachkriegsdeutsch-
land führt, und auch das von Vorfahren und Verwandten. Die geistige Entwicklung ist für ihn mit drei Jahren abgeschlossen; er verfügt
über die märchenhafte Fähigkeit, Glas zu zersingen. Im Zweiten
Weltkrieg tritt Oskar in einem Fronttheater auf, wird zum Anführer
einer Bande und siedelt mit seiner Geliebten, die auch seine Stiefmutter ist, sowie seinem Sohn, der zugleich sein Stiefbruder ist,
von Gdańsk nach Düsseldorf über. Er versucht sich als Steinmetz,
als Modell in der Kunstakademie und als Jazzmusiker – und wird
durch Schallplatten reich. Oskar, tatsächlich kein Mörder, flieht als
vermeintlicher Mörder nach Paris, um sich dort verhaften zu lassen
und in eine Anstalt eingewiesen zu werden. An seinem dreißigsten
Geburtstag kehrt er gegen seinen Willen in die Gesellschaft zurück.

⇨ S. 39 ff.

Chronologie und Schauplätze:

Der Roman handelt von 1899 bis 1954 und spielt vorrangig in der
Kaschubei und Danzig, an der Westfront und am Atlantikwall, in
Düsseldorf und Paris. Dabei sind zwei Handlungsebenen vorhan-

⇨ S. 51 f.,
⇨ S. 64 ff.

den: Oskar erzählt zwischen 1952 und 1954 in der Heil- und Pflegeanstalt, seine Erzählung umfasst rückblickend die Zeit von 1899
bis 1952, konzentriert sich aber auf die Zeit nach 1927, nachdem
Oskar sein Wachstum einstellte.

Personen:

⇨ S. 60 ff.

Das umfangreiche Personenensemble wird auf **Personengruppen**
konzentriert:
→ die Familie Matzerath, kaschubisch-deutsch-polnische Kleinbürger;
→ die Einwohner des Labesweges, ebenfalls Kleinbürger und
Handwerker;
→ die Freunde Oskars sind künstlerisch veranlagte Menschen
ohne auffallende soziale Kontur;
→ Nebengestalten, zu denen auch Krankenschwestern – von
Schwester Inge (199) bis zu Schwester Dorothea (637 ff.) –
und der Pfleger Bruno gehören;
→ fantastische und mythische Figuren (z. B. die Schwarze Köchin,
Jesus und Satan).

⇨ S. 62 f.

Oskar Matzerath
→ ist Hauptfigur und Erzähler. Die von ihm verhinderte Objektivierung wird durch weitere Erzähler angestrebt. 1924
geboren, missgestaltet, aber mit der Gabe des Glaszersingens
ausgestattet;
→ hat seine geistige Entwicklung bei der Geburt abgeschlossen,
stellt mit drei Jahren sein Wachstum ein,
→ wird zum prominenten Künstler;
→ verfügt zeitweise über eine fiktive Biografie als Oskarnello
Raguna;
→ ist „ein Darsteller des Bösen" (Grass);

→ organisiert das Geschehen des Romans, d. h. das Erzählte ist das von Oskar preisgegebene Wissen.

Die Mütter

⇨ S. 63

→ (Anna, Agnes, Maria): drei Namen aus dem Kalender der Heiligen.

Stil und Sprache der *Blechtrommel*

→ Die Sprache des Romans ist zuerst die Sprache Oskars, ergänzt durch die eines mehrfach schillernden Erzählers.

⇨ S. 98 ff.

→ Eine Besonderheit der Sprache sind Sprichwörter und stehende Wendungen, die soziale Hintergründe erhellen.

→ Farben spielen eine besondere Rolle, vom ganz in Weiß gehaltenen Krankenzimmer der Eröffnung bis zur das Ende bestimmenden „Schwarzen Köchin".

→ Sprachlichen Kontrast erreicht Grass durch Konfrontationen von Dostojewski, Rasputin und Goethe.

→ Die sinnliche, lustvolle Sprache des Romans hat ein Vorbild in der Barockliteratur.

Verschiedene Interpretationsansätze:

→ Die Familiengeschichte der Matzeraths als deutsche Nationalgeschichte

⇨ S. 104 ff.

→ Das Schicksal Oskar Matzeraths als Satyrspiel auf weltliterarische Irrfahrten

→ Die Danziger Jugend Oskars (und Günter Grass') fällt zusammen mit Aufstieg und Untergang des deutschen Nationalsozialismus

→ Grass' Erfahrungen mit Deutschland machen Schuld und Sühne der Deutschen zum durchgehenden Thema

→ Oskar Matzerath wird mit seiner individuellen „großen Schuld" (320) zur Personifizierung der nationalen Schuld der Deutschen

→ Das Erzählen in Gegensätzen als Erzählmethode
→ Anregungen aus der bildenden Kunst: Bilder als zusätzliche
   Illustration

2. GÜNTER GRASS: LEBEN UND WERK

2.1 Biografie

Günter Grass
(*16.10.1927)
© Cinetext/
Bruder

JAHR	ORT	EREIGNIS	ALTER
1927	Danzig	Günter Grass wird am Sonntag, dem 16. Oktober, in Danzig-Langfuhr als Kind eines deutschen protestantischen Vaters und einer kaschubischen katholischen Mutter geboren. Er wird katholisch erzogen. Die Eltern haben ein Kolonialwarengeschäft.	
1933–1944	Danzig	Besuch der Volksschule, 1937 des Real-Gymnasium *Conradinum*. Seit 1937 im Deutschen Jungvolk (DJ).	6–17
1939	Danzig	1. September: Den Kriegsausbruch betrachtete Grass als das Ende seiner Kindheit.	12
1943/1944	Danzig	Luftwaffenhelfer, Reichsarbeitsdienst	17
1944	Dresden	September: Den Marschbefehl zur Waffen-SS verstand Grass, begeistert vom Dritten Reich, als Kommando in eine „Eliteeinheit" (*Zwiebel*, 126). Ausbildung zum Panzerschützen auf einem Truppenübungsplatz in Böhmen.	17
1945	Cottbus	Ende Februar: Vereidigung; Verlegung nach Weißwasser. Als Soldat (Panzerschütze) in der Waffen-SS-Division „Jörg von Frundsberg" am „Kriegsgeschehen" (*Zwiebel*, 150) beteiligt, „als Freiheit von der Schule mißverstanden"[1].	18
	Marienbad	April: Verwundet, in Meißen und Marienbad medizinisch versorgt.	18

---

1 Grass: *Der Autor als fragwürdiger Zeuge.* Hg. von Daniela Hermes. München 1997, S. 196.

2.1 Biografie

JAHR	ORT	EREIGNIS	ALTER
	Grafenwöhr	Lazarett	18
	Bad Aibling	In der Oberpfalz und in Bayern in amerikanischer Gefangenschaft: besucht einen Kochkurs. Überstellt nach Munster-Lager.	
1946–1947	Köln/Saarland	Landarbeiter, Koppeljunge unter Tage in einem Kali-Bergwerk. Er ist unterwegs in verschiedenen Besatzungszonen. Die Nürnberger Prozesse öffnen ihm die Augen über den Nationalsozialismus, ohne „haltbar Partei zu ergreifen" (*Zwiebel*, 256).	19–20
1947	Düsseldorf	Auf Rat Prof. Enselings Lehre als Steinmetz.	20
1948–1950	Düsseldorf	Studium an der Kunstakademie (Bildhauerei und Grafik; Lehrer: Sepp Mages und Otto Pankok)	21–25
1951–1952	Italien/ Frankreich/ Lenzburg	Reisen nach Italien und Frankreich Bekanntschaft mit der Schweizer Ballettstudentin Anna Schwarz	24–25
1953–1956	Berlin	Studium an der Hochschule für Bildende Künste (Schüler Karl Hartungs, der ihn für einen seiner „begabtesten Schüler" hält.)[2] 18.1.53: Begegnung mit Anna Schwarz in Berlin, Heirat 1954, mit ihr (1957–65) vier Kinder. Tod der Mutter am 24.1.1954	26–29
1955		Erste Veröffentlichungen. 3. Preis in einem Lyrikwettbewerb des Süddeutschen Rundfunks.[3]	28

---

2 Vgl. Dieter Arker: *Nichts ist vorbei, alles kommt wieder. Untersuchungen zu Günter Grass' „Blechtrommel"*. Heidelberg 1989, S. 7.

3 Preise werden wegen der Vielzahl nur in einigen Fällen genannt, ebenso Ehrenpromotionen.

2.1 Biografie

JAHR	ORT	EREIGNIS	ALTER
	Berlin	Liest vor der Gruppe 47 erstmals (Lyrik); gewinnt Walter Höllerer zum Freund.	28
1956	Paris	Umzug: Grass besucht Heines Grab, Freundschaft mit Paul Celan	29
	Stuttgart	Erste Ausstellung von Plastiken und Grafiken	29
1958	Großholzleute/ Allgäu	Preis der Gruppe 47 für *Die Blechtrommel*	31
	Danzig	Reise nach Polen: Grass recherchiert wichtige Orte und Vorgänge.	31
1959	Bremen	*Die Blechtrommel* erscheint. Der Senat der Stadt Bremen verweigert den von einer Jury zuerkannten Literaturpreis.	32
1960	Berlin	Rückkehr aus Paris, erneut Reise nach Polen. Ab November Arbeit an *Katz und Maus*.	33
1961	Leipzig	Grass liest am 21. März als Gast Hans Mayers aus *Die Blechtrommel* im berühmten Hörsaal 40 der Universität. „Es war gut, dass er zu uns gekommen war."[4] Grass nimmt im Mai am V. Schriftstellerkongress der DDR teil.	34
	Neuwied	Begegnung mit Willy Brandt. Beginn des Engagements für die SPD. Gemeinsam mit Wolfdietrich Schnurre protestiert Grass beim Schriftstellerverband der DDR gegen die Schließung der Grenze am 13. August 1961.	34
1963	Berlin	Aufnahme in die Akademie der Künste Abschluss der *Danziger Trilogie* mit dem Roman *Hundejahre*	36

———

4 Hans Mayer: *Ein Deutscher auf Widerruf. Erinnerungen.* Band II. Frankfurt/M. 1984, S. 239.

2.1 Biografie

JAHR	ORT	EREIGNIS	ALTER
1964	USA	Reise. 1965 Ehrenpromotion durch das Kenyon-College	37
1965	Deutschland	Bundestagswahlkampf für die SPD in 52 Veranstaltungen	38
	Darmstadt	Georg-Büchner-Preis	38
	Düsseldorf	Am 03. 10. werden am Rheinufer von Mitgliedern des „Evangelischen Jugend-bundes für entschiedenes Christentum" mit Genehmigung des Ordnungsamtes Bücher verbrannt, darunter Bücher von Erich Kästner, Camus und Grass	38
	Berlin	Brandanschlag auf Grass' Wohnung.	38
1966	USA	Tagung der Gruppe 47 in Princeton	39
1967	Israel	Reise	40
	Nürnberg	Rede auf dem SPD-Parteitag	40
1968	Meißen	Mai: Im Dom wird das *Meißener Tedeum* des Komponisten Wolfgang Hufschmidt mit einem „ketzerischen Antitext" von Günter Grass aufgeführt.	41
	Lübeck	28. 9.: Grass stellt die von ihm gegründete „Stiftung zugunsten des Romavolkes" vor.	41
1968–1969		Fontane-Preis u. a. Preise Wahlkampfreise für die SPD mit 190 Veranstaltungen	41–42
1970	Warschau	Mit Willy Brandt zur Unterzeichnung des Deutsch-Polnischen Vertrages	43
1971	Tansania/Israel	Reisen nach Tansania und Israel	44
1972		Trennung von seiner Ehefrau Anna Grass	45

2.1 Biografie

JAHR	ORT	EREIGNIS	ALTER
	Wewelsfleth	Kauf eines Hauses in Schleswig-Holstein	45
		Bundestagswahlkampf für die SPD mit 129 Veranstaltungen	45
1973	Israel	Reise mit Willy Brandt	46
1974		Austritt aus der katholischen Kirche	47
1975	Indien	Reise	48
1976		Teilnahme am Bundestagswahlkampf der SPD	49
1978	Berlin	Stiftung des Alfred-Döblin-Preises „aus einem überschüssigen Teil" der Buchhonorare[5] Scheidung von Anna Grass Reisen in Asien	51
1979	Cannes	Hohe Auszeichnungen, darunter die Goldene Palme der Filmfestspiele für den Film *Die Blechtrommel* Eheschließung mit der Hiddenseer Organistin Ute Grunert	52
1982		Eintritt in die SPD	55
1983	Berlin	Präsident der Akademie der Künste	56
1984	Hamburg	Umzug, ohne sich in Hamburg wohlzufühlen	57
1986	Behlendorf	Kauf einer Gründerzeitvilla in Holstein	59
1986–1987	Indien	Aufenthalt in Kalkutta	59–60
1989	Berlin	Austritt aus der Akademie der Künste wegen deren mangelnder Solidarität mit Salman Rushdie	62

---

5 Günter Grass: *Wider die regionale Zerstreuung. Rede zur Verleihung des Alfred-Döblin-Preises* 1997. In: NDL, Heft 5 (1997), S. 183.

2.1   Biografie

JAHR	ORT	EREIGNIS	ALTER
1990	Danzig/ Gdańsk	4. Mai: Fahrt „mit einem Marineminen-leger zur Westerplatte" (D, 93), besucht Orte der *Danziger Trilogie* (Brösen, Oliva usw.)	63
	Poznan	Ehrendoktor der Universität	63
	Frankfurt/M.	Wintersemester: Gastdozentur für Poetik *Schreiben nach Auschwitz*	63
1992		Austritt aus der SPD	65
1993	Danzig/ Gdańsk	Ehrendoktor der Universität, Ehren-bürger der Stadt	66
1994		Auszeichnungen, darunter der Große Literaturpreis der Bayrischen Akademie der Schönen Künste	67
1996		Auszeichnungen, darunter der dänische Sonning-Preis, der Fallada-Preis, die Her-mann-Kesten-Medaille und im Mai der Thomas-Mann-Preis der Stadt Lübeck	69
1997	Göttingen	Februar: Samuel-Bogumil-Linde-Litera-turpreis für Verdienste um die deutsch-polnische Verständigung	70
	Frankfurt/M.	Oktober: Laudatio auf den Friedenspreis-träger des Deutschen Buchhandels, Yaşar Kemal Angriffe konservativer Kräfte	70
	Oklahoma-City	Die Polizei beschlagnahmt Videos der *Blechtrommel* (Film), die als pornogra-fisch eingestuft wurde. 1999 deshalb 575.000 Dollar Entschädigung.	70
1998	Berlin	10. Mai: Wiederaufnahme in die Akade-mie der Künste	71
1999	Göttingen	*Mein Jahrhundert*	72

2.1 Biografie

JAHR	ORT	EREIGNIS	ALTER
	Oviedo	Als erster nicht-spanischer Autor erhält Grass den Prinz-von-Asturien-Preis für seinen Einsatz für Freiheit und Demokratie.	72
	Stockholm	**Nobelpreis**	72
	Lübeck	18. Dezember: I. Internationales Günter-Grass-Kolloquium	72
2000	Hamburg	Theaterfassung *Mein Jahrhundert* (Regie: Horst Königstein)	73
	Bremen	Gründung der Günter-Grass-Stiftung: Sammelt Bild- und Tonbeiträge.	73
2001	Frankfurt/O.	Viadrina-Preis der Viadrina-Universität	74
	Berlin	Herbst: Gemeinsam mit zahlreichen Künstlern veröffentlicht Grass eine Erklärung gegen den Einsatz deutscher Truppen in Afghanistan und gegen einen „Totalitarismus neuer Art".	74
2002	Halle/S.	Novelle *Krebsgang* 21. März: Grass hält die Rede zur Gründung einer Nationalstiftung, die er 1973 angeregt hatte: „Gut Ding braucht Weile, heißt eine Schneckenweisheit."[6]	75
	Leipzig	21. März: erstmalige Verleihung des von Grass geschaffenen *Bücher-Butts*, des Deutschen Bücherpreises (2002–2004)	75
	Lübeck	20. Oktober: Eröffnung des Günter-Grass-Hauses, in dem sein Werk (Wort- und Bildkunst) zugänglich gemacht werden soll.	75
2003	Göttingen	*Letzte Tänze*, Gedichte und Zeichnungen	76

———

6 Günter Grass: *Nach dreißigDrei, Dreizehn, Dreißig Jahren*. In: Mitteldeutsche Zeitung, Halle, vom 22. März 2002, S. 31.

2.1 Biografie

JAHR	ORT	EREIGNIS	ALTER
2004	Göttingen	*Fünf Jahrzehnte. Ein Werkstattbericht*	77
2005	Indien	Erneuter Aufenthalt in Kalkutta und anderen Orten	78
	Berlin	Ehrendoktor der FU	78
	Lübeck	1. Treffen der „Lübecker Gruppe 05" nach dem Vorbild der „Gruppe 47" für jüngere Schriftsteller	78
2006	Lübeck	Grass' Autobiografie *Beim Häuten der Zwiebel* enthält u. a. das Bekenntnis, in der Waffen-SS gedient zu haben. Heftige Reaktionen von Kollegen und des Publikums: „Hoch geehrt und heiß umstritten – Günter Grass polarisiert."[7] Grass erwägt, Deutschland zu verlassen.	79
	Chemnitz	15. 12.: Lesung statt der Auszeichnung mit dem Internationalen Brückenpreis (Görlitz und Zgorzelec), den Grass abgelehnt hatte. Grass trägt sich ins Goldene Buch der Stadt ein.	79
	Görlitz	Sonderausstellung „Grafiken und Skulpturen" im Schlesischen Museum"	79
2007	Lübeck	Ausstellung *„Der liebe Gott" Otto Pankok. Ein Lehrer von Günter Grass* im Günter-Grass-Haus Der Gedichtband *Dummer August* erscheint und reagiert auf die Angriffe und Diskriminierungen des Vorjahres. Festakt der Stadt mit dem Bundespräsidenten Horst Köhler. Veranstaltungen und Fernsehsendungen zum 80. Geburtstag.	80

--- --- ---

7   Uta Trinks: *Ungebrochene Anziehungskraft*. In: Freie Presse vom 12. Dezember 2006.

2.1 Biografie

JAHR	ORT	EREIGNIS	ALTER
	Hiddensee	Grass engagiert sich für die Edition Hiddensee	80
	Göttingen	Geburtstagsparty, organisiert vom Verlag Steidl, mit 2000 Gästen	80
	Danzig	Konferenz, Ausstellung u. v. a. m. anlässlich des 80. Geburtstages	79
2008	St. Petersburg	Mai: Auf Grass' Anregung findet ein deutsch-russisches Autorentreffen statt.	81
	Göttingen	29. August: *Die Box*, ein weiteres autobiografisches Buch, erscheint.	81
2009	Göttingen	Januar: Grass' Tagebuch 1990 erscheint *Unterwegs von Deutschland nach Deutschland* September: Grass ist für die SPD im Wahlkampf in Ostdeutschland unterwegs.	82
2010	Istanbul	Grass ruft die Türkei auf, die im Ersten Weltkrieg an den Armeniern begangenen Verbrechen anzuerkennen.	83
	Berlin	*Günter Grass im Visier. Die Stasi-Akte* (hg. von Kai Schlüter) erscheint	83
	Göttingen	Mit *Grimms Wörter. Eine Liebeserklärung* schließt Grass seine autobiografische Trilogie ab.	83
2011	Braunschweig	Januar: In der Jakob-Kemenate werden Zeichnungen und Plastiken von Grass ausgestellt. Er trägt sich ins Goldene Buch der Stadt ein und besucht die Jüdische Gemeinde.	84
	Göttingen	28. April: Grass und sein Verleger Steidl enthüllen ein von Grass entworfenes Denkmal für die Göttinger Sieben (darunter Jacob und Wilhelm Grimm).	84

2.1 Biografie

JAHR	ORT	EREIGNIS	ALTER
2012		4. April: In den großen Tageszeitungen *Süddeutsche Zeitung*, *La Repubblica* (Italien) und *El País* (Spanien) erscheint Grass' Gedicht *Was gesagt werden muss*, in dem er das „behauptete Recht auf den Erstschlag" israelischer Politiker kritisch bewertet und vor einem Krieg warnt. Eine polarisierte Diskussion bricht los, die weder Grenzen noch Sachlichkeit wahrt. Das Gedicht erhält internationale Beachtung und löst Diskussionen über Israel als Atommacht aus. Israel erlässt ein Einreiseverbot gegen Grass. 26. Mai: In der *Süddeutschen Zeitung* und in der griechischen Zeitung *Kathimerini* erscheint das Gedicht *Europas Schande* mit zahlreichen Anspielungen auf Kunst und Kultur und löst eine erneute Diskussion aus. Grass beklagt „ein kaum noch geduldetes Land", das die Wiege Europas sei und nun an den Pranger gestellt werde und leide (gemeint ist Griechenland). Herbst: *Eintagsfliegen* (Lyrik). Dezember: Grass führt, nach einer Cicero-Liste, die Liste der 500 wichtigsten deutschen Intellektuellen an, gefolgt von Peter Handke, Martin Walser und Alice Schwarzer. Die dänische Europa-Bewegung ernennt Grass zum „Europäer des Jahres".	85
2013	Bad Elster	Januar bis März: Über 60 Grafiken werden in der Wandelhalle des berühmten Bades ausgestellt.	86

2.1 Biografie

JAHR	ORT	EREIGNIS	ALTER
2015	Lübeck	13. April: Grass stirbt in seinem 88. Lebensjahr	87
	Göttingen	Postum wird sein letztes Werk *Vonne Endlichkait* im Juni erscheinen, wie sein Verlag Steidl mitteilt (Stand dieser Information: 14. 4. 15); laut Verlag handele es sich um ein literarisches Experiment, in dem Grass erstmals Prosa und Lyrik miteinander verschmolzen habe. Zum Erscheinungstermin des Buches ist auch die Eröffnung des neuen Grass-Archivs in Göttingen geplant.	

2.2 Zeitgeschichtlicher Hintergrund

ZUSAMMEN-
FASSUNG

→ Seit 1919 war Danzig der Freistaat „Freie Stadt Danzig" und gehörte nicht zum Deutschen Reich. Grass wurde **1927 in Danzig** geboren.

→ Am 1. September 1939 ging dieses Staatsgebilde durch die Gleichschaltung mit dem Dritten Reich zu Ende. 1945 musste die Familie Danzig, wo sie in einem Vorort kleinbürgerlich gelebt hatte, verlassen; Grass verlor damit seine Heimat. Grass nahm als Soldat an den letzten Kriegsereignissen teil, lernte nach Zwischenstationen Steinmetz, studierte Malerei und wurde einer der bedeutendsten Schriftsteller des 20. Jahrhunderts.

→ Endgültigkeit des Heimatverlustes ist für die *Danziger Trilogie* das zentrale Thema.

→ Sein Hauptwerk *Danziger Trilogie* (Titel nach John Reddick) wurde mit dem Roman *Die Blechtrommel* eröffnet, der die Zeit von 1899 bis 1954 umfasst und damit auch Kindheit, Jugend und Ausbildung des Schriftstellers.

→ *Die Blechtrommel* bedeutete Grass' Eintritt in die Weltliteratur, obwohl der Roman in Deutschland heftige Auseinandersetzungen auslöste.

Der Freistaat „Freie Stadt Danzig" bis zum 1. September 1939

Für den Roman werden Grundkenntnisse der Geschichte Danzigs im 20. Jahrhundert vorausgesetzt. Seit dem Versailler Vertrag (1919) war Danzig der Freistaat „Freie Stadt Danzig" (1920–1939), zu zwei Dritteln umschlossen von der Republik Polen, und gehörte nicht

2.2   Zeitgeschichtlicher Hintergrund

zum Deutschen Reich. Die kaschubische Großmutter Grass', die auf dem Markt in Danzig-Langfuhr ihre Eier und Butter verkaufen wollte, wurde oft daran gehindert, weil die Bahnfahrt von ihrem Dorf Viereck nach Danzig-Langfuhr (10 km) als Einreise genehmigt werden musste. Der Freistaat war ein Kompromiss: Die Polen hatten dadurch Zugang zu einem Seehafen, die zahlreichen Deutschen konnten in der Stadt bleiben. Außenpolitisch vertreten wurde die Stadt von Polen, der Völkerbund entsandte einen Hohen Kommissar in die Freie Stadt, der die Einhaltung der Verfassung überwachen und in Streitfällen schlichten sollte. Der erste Hohe Kommissar war der Schweizer Historiker und Schriftsteller Carl Jacob Burckhardt (1891–1974).

Die Polen erhielten das Recht auf eigene Post- und Telegrafenanlagen in der Stadt[8], die in Grass' Roman eine Rolle spielen. Der Hafen wurde gemeinsam von Danzig und Polen verwaltet; das brachte Streit: Polen baute in Gdynia einen Seehafen, der 1932 Danzig überflügelt hatte.

Zur Freien Stadt Danzig (1914 km^2) gehörten Danzig und Zoppot, das Weichseldelta, das Danziger und Marienburger Werder und die Hügellandschaft der Danziger Höhe im Westen. Anlieger waren im Osten die deutsche Provinz Ostpreußen, im Süden und Westen die polnische Wojewodschaft Pomorze und im Norden die Ostsee.

Geografische Lage

1933 erlangte die NSDAP – die nationalsozialistische (faschistische) Partei Adolf Hitlers – die Mehrheit im Volkstag (Danziger Parlament), es fehlte aber die Zwei-Drittel-Mehrheit zur Machtübernahme und Staatsänderung. Das politisches Gebilde mit eigener

1933: Die NSDAP kommt an die Macht

---

8   1925 kam es zum Danzig-polnischen Postkonflikt, der schließlich zur Regelung führte, dass alle Sendungen mit der Anschrift „Gdańsk" vom polnischen Zustelldienst, alle mit „Danzig" von der Danziger Post besorgt werden sollten. Es wurden auch unterschiedliche Briefmarken verwendet.

2.2 Zeitgeschichtlicher Hintergrund

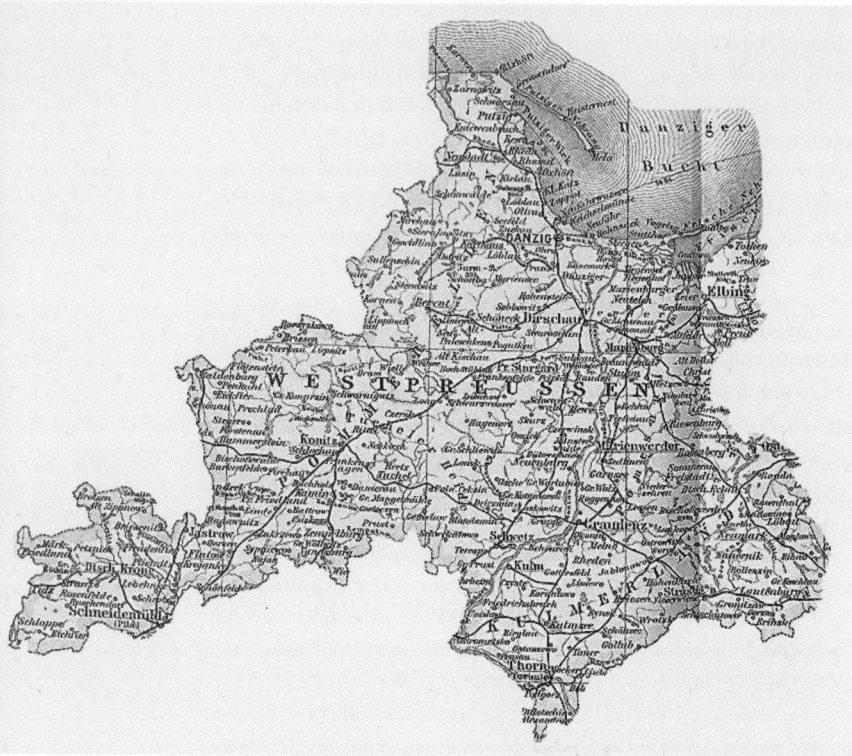

Karte der Freien
Stadt Danzig,
nach Schmidt u. a.
1993, S. 57

Staatsangehörigkeit und eigener Währung, dem Danziger Gulden,
ging am 1. September 1939 mit dem Ausbruch des Zweiten Weltkrieges (s. S. 66 der vorliegenden Erläuterung) zu Ende. Grass verlor
seine Heimat, erlebte als Soldat auf deutscher Seite den Krieg und
suchte nach kurzer Gefangenschaft einen Neuanfang.

2.2 Zeitgeschichtlicher Hintergrund

Zweiter Weltkrieg und Heimatverlust

Er beschrieb in der Autobiografie *Beim Häuten der Zwiebel* (2006) diese Zeit und seinen Dienst in der Waffen-SS. Daraufhin setzten heftige Diskussionen um den Schriftsteller und sein Werk, auch um den Roman *Die Blechtrommel*, ein. Unterschlagen hatte Grass die Zugehörigkeit zur Waffen-SS in seiner Biografie nicht. Wenige Tage nach seiner Erklärung konnten die Leser in Zeitungen und Zeitschriften die „Vorläufige Erklärung" des Kriegsgefangenen Grass von 1945 lesen, in der er als Truppeneinheit „SS-Pz.-Div. Frundsberg" angegeben hatte[9]. Freunde bestätigten, dass Grass bis 1963 keineswegs „verschwiegen (hatte), dass er in der SS war".[10] Seriös arbeitende Journalisten erinnerten an Belege, in denen Grass auch nach 1963 seinen Dienst in der Waffen-SS nicht verschwiegen hatte[11], und literaturwissenschaftliche Kommentare hatten sich, Indizien berücksichtigend, auf keine militärische Einheit festlegen wollen, sondern vom „Panzerschützen" gesprochen. Zu den Indizien ist u. a. der Eröffnungssatz für den Jahresbericht „1944", dem Zeitpunkt des Einberufungsbefehls, zu rechnen: „IRGENDWANN MUSSTE ES ZUM KRACH KOMMEN."[12] Auch der Roman *Die Blechtrommel* beschreibt den Automatismus, mit dem man in die Waffen-SS übernommen werden konnte: Der Musiker Meyn, der aus der Reiter-SA wegen Tierquälerei ausgeschlossen wird, tritt in die Heimwehr ein, „die später von der Waffen-SS übernommen wurde" (259). Dass Grass, wäre er „drei Jahre früher geboren"[13], in Verbre-

Grass' Mitgliedschaft in der Waffen-SS

---

9 Die Abbildung im *Spiegel*, Nr. 34 vom 21. August 2006, S. 49, würde begleitet von Tageszeitungen, z. B. der Mitteldeutschen Zeitung (19./20. August 2006).
10 Klaus Wagenbach: *Günter Grass hat nichts verschwiegen*. In DIE ZEIT Nr. 18 vom 26. April 2007, S. 50. – Vgl auch: Jens Jessen: *Und Grass wundert sich*. In: DIE ZEIT Nr. 34 vom 17. August 2006, S. 1.
11 Christian Eger: *Du bist schuld und du am allermeisten*. In: Mitteldeutsche Zeitung vom 2. September 2006, S. 29.
12 Günter Grass: *Mein Jahrhundert*. Göttingen 1999, S. 57.
13 Heinrich Vormweg: *Günter Grass mit Selbstzeugnissen und Bilddokumenten*. Hamburg 1986, S. 15.

2.2   Zeitgeschichtlicher Hintergrund

chen verwickelt worden wäre, hat er stets zugegeben (s. S. 53 der
vorliegenden Erläuterung). – Martin Walser erklärte das Verhalten
Grass' treffend, es herrsche in Deutschland

> „kein Klima, das einlädt, mit sich selbst freimütig abzurechnen
> und entspannt darüber zu sprechen, was einem passiert ist. Es
> ist ein Klima der Vergiftungen, der schnellen Verdächtigungen
> und des Rufmordes."[14]

Endgültigkeit des Heimatverlustes

Die Endgültigkeit des Heimatverlustes ist für die *Danziger Trilogie*
das zentrale Thema. Es ist Heimatverlust in einem fremden Land:
Es gehörte nicht zu Deutschland, als Grass dort geboren wurde, und
es hatte mit Deutschland nichts zu tun, als Grass darüber schrieb.
Günter Grass wurde am 16. Oktober 1927 im damaligen Danziger
Vorort Langfuhr, in dem vorwiegend Kleinbürger wohnten, gebo-
ren. (Heute ist Wrzeszcz ein großer und moderner Stadtteil von
Gdańsk.) Danzig-Langfuhr ist ein Handlungsort der *Danziger Trilo-
gie*. Grass rekonstruierte das Danzig seiner Kindheit in der *Danziger
Trilogie*. Viele Gebäude und Straßen sind heute noch vorhanden.

Unweit des **Labeswegs 13**, in dem Günter Grass als Kind wohnte und
in dem sich ein großer Teil des Romans abspielt, befindet sich die
Christuskirche – „früher eine evangelische Kirche, die auch heute
noch ein Zwiebeldach mit Uhren hat."[15] Es entsteht eine Analyse der
psychischen, geschichtlichen und politischen Situation der Kleinbürger eines Danziger Vororts, „Mittelschicht (proletarisch-klein-

---

14   S. Stimmen. In: Freie Presse vom 19./20. August 2006, S. A16.
15   Schmidt, Sabine, Jan Blaszkowski u. a.: *Oskar – Tulla – Mahlke*. In Gdańsk unterwegs mit Günter
     Grass. Wydawnictwo „Marpress" Gdańsk 1993, S. 135 f.

2.2 Zeitgeschichtlicher Hintergrund

bürgerlicher Geschiebemergel)" nannte es Grass.[16] Seine Analyse
sieht er bestätigt:

> „Mir ist nicht nur im politischen und gesellschaftlichen Bereich,
> sondern auch bis in den privaten Bereich hinein natürlich auf-
> gefallen, daß wir Menschen Wiederholungstäter sind und gerne
> in den einmal eingefahrenen Spuren unseren Erfolg wiederho-
> len wollen und bei der Gelegenheit dann auch unsere Fehler
> wiederholen."[17]

Mit der *Blechtrommel* trat Grass 1959 in die Weltliteratur ein, auch
wenn ehemalige Nationalsozialisten den Roman angriffen und ihn
verunglimpften. Es gelang ihnen, dass der von der Jury zuerkann-
te Bremer Literaturpreis (Rudolf-Alexander-Schröder-Preis) 1960
vom Senat der Stadt verweigert wurde, ein einmaliger Eklat in der
Geschichte der Bundesrepublik.

Die Blechtrommel und die Danziger Trilogie

Mit dem Roman *Hundejahre* wurde 1963 die *Danziger Trilogie*
abgeschlossen. In fast allen späteren Werken des Schriftstellers
wirkten Personen oder Vorgänge aus der *Blechtrommel* mit. Als die
Hoffnung auf eine menschlichere Gesellschaft Grass immer gerin-
ger erschien, griff er umfangreicher auf die Ereignisse der *Blechtrommel* zurück und schrieb mit *Im Krebsgang* (2002) ein weiteres
Werk im Umkreis der *Danziger Trilogie*, das wie die *Blechtrommel*
als Warnliteratur verstanden werden muss.

Im Zusammenhang mit den Übersetzungen des Romans beschrieb Günter Grass den kulturell-literarischen Umkreis der Entstehung des Romans:

---

16 Günter Grass: *Essays, Reden, Briefe, Kommentare*. In: Werkausgabe 1987, Bd. 9, S. 625.
17 Günter Grass: *Nicht von der Bank der Sieger aus*. Gespräch mit Hubert Winkels (Deutschlandfunk
     am 27. August 1997). In: NDL, Heft 2 (1998), S. 20.

2.2 Zeitgeschichtlicher Hintergrund

„Das war eine Zeit, in der z. B. der Surrealismus wesentlich präsenter war, als er uns heute ist. Existentialistische Haltung, wenn auch ironisch gebrochen, ist bei Oskar erkennbar. Orientierung nach Frankreich. Streit zwischen Camus und Sartre fand bei jungen Leuten durchaus ein Echo.

Die Blechtrommel ... muß man mit allen fünf Sinnen wahrnehmen –, so müssen sie auch übersetzt, nachempfunden werden. – Bewußt hat Grass beim Schreiben alle Möglichkeiten der Sprache eingesetzt, da er schon während der Manuskriptarbeit – im Austausch mit anderen Mitgliedern der Gruppe 47 – der Meinung war, daß es nicht die Sprache war, die schuldig war."[18]

Grass bezog sich auf die Überzeugung mancher Schriftsteller, z. B. Ricarda Huchs, nach den Verbrechen, die im Nationalsozialismus begangen worden seien, müsse die Sprache, mit der die Verbrechen angeordnet worden seien, vorläufig schweigen.

---

18   Protokoll des Übersetzertreffens in Gdańsk 10.–19. 06. 2005, © Hilke Ohsoling und Helmut Frielinghaus, S. 1.

2.3 Angaben und Erläuterungen zu wesentlichen Werken

ZUSAMMEN-FASSUNG

Da Grass die eigenen Erlebnisse ständig zu Themen seiner Werke qualifizierte, bilden alle Werke des Schriftstellers ein thematisch zusammengehöriges Gesamtwerk. Dabei hat der Roman *Die Blechtrommel* eine zentrale Bedeutung:

1956	*Die Vorzüge der Windhühner*. Gedichte und Grafiken; darin: *Polnische Fahne* (Die zweite Strophe beschreibt die Szenerie der Eröffnung auf dem Kartoffelfeld.)
1959	**Die Blechtrommel.** Roman (*Danziger Trilogie*)
1961	*Katz und Maus*. Eine Novelle (*Danziger Trilogie*; spielt im gleichen Umfeld) wie die *Blechtrommel* und hat ein ähnliches Figurenensemble.)
1963	*Hundejahre*. Roman (*Danziger Trilogie*; reflektiert die früheren Teile.)
1969	*örtlich betäubt*. Roman (Mit Erinnerungen an die Stäuber-Bande aus der *Blechtrommel*.)
1972	*Aus dem Tagebuch einer Schnecke* (Wichtige Aufschlüsse zur Geschichte Danzigs zwischen 1933 und 1939.)
1977	*Der Butt*. Roman (Danzigs Geschichte als europäische Geschichte)
1986	*Die Rättin*. Roman (Die Geschichte Oskar Matzeraths wird in einem Handlungsstrang fortgesetzt und abgeschlossen, Oskar ist nun 60 Jahre alt.)
1992	*Unkenrufe*. Eine Erzählung (Spielt in Danzig.)
1999	*Mein Jahrhundert* (Teilt Autobiografisches mit und demonstriert dabei ähnliche frühe Biografien von Oskar und Günter Grass.)
2002	*Im Krebsgang*. Eine Novelle (Wie das Satyrspiel die antike Tragödie abschloss, fügt sich die Novelle der *Danziger Trilogie* an, ohne allerdings satirisch-heiter, sondern beängstigend zu sein.)

| 2006 | *Beim Häuten der Zwiebel* (Gibt Hinweise für den Zusammenhang von Werk und Biografie von Günter Grass. Biografisches und Fiktives gehen beständig ineinander über; die Grenzen zwischen beiden Bereichen werden fließend.) |

3. TEXTANALYSE UND -INTERPRETATION

3.1 Entstehung und Quellen

→ In Gedichten wird 1950 ein „Zwerg" genannt.

→ 1952 erfolgte die Einführung des Oskar Matzerath, der verschiedene Paten aus der Tradition des Bildungsromans, aber auch in den Werken von Laurence Sterne, E. T. A. Hoffmann und Heinrich Heine hat.

→ Die Tradition des Bildungs-, Erziehungs- und Künstlerromans wurde auf den Kopf gestellt, der pikareske Roman wurde bestätigt. Zahlreiche andere Bildungsbestandteile wurden wirksam, möglicherweise auch Adolf Uzarskis (1885–1970) Roman *Möppi. Die Memoiren eines Hundes* (1921), der in Düsseldorf spielt.

→ Oskar und Danzig sind konstituierende Elemente der *Blechtrommel* und Symbole der Geschichte. Persönlichkeitsgeschichte und deutsche Geschichte fallen in der Gestalt Oskars zusammen.

Vor dem Roman, dessen Anfänge bis 1950 zurückreichen, waren in Gedichten Roman-Motive vorhanden: Im Zyklus *Drei Vater unser* wird Gewalt beschrieben: „zersingen die Gläser", Protest dagegen tritt im Bild „Narrenmangel, wer züchtet noch Buckel" auf u. a.[19] Grass hat die Entstehung 1973 ausführlich im Westdeutschen Rundfunk beschrieben, aber die dabei getroffene Selbstaussage „Der Au-

Anfänge und
Entstehung

---

19 Günter Grass: *Drei Vater unser*. Aus: Die Vorzüge der Windhühner. Berlin 1956 (Bd. I der Werkausgabe 1987).

3.1   Entstehung und Quellen

tor über sein Buch: ein fragwürdiger Zeuge" ist zu bedenken.[20] – **Der entscheidende Vorgang** bei der Entstehung war die Konzentration auf Oskar Matzerath. 1952 sah Grass einen dreijährigen Jungen, „dem eine Blechtrommel anhing". Ihn faszinierte „die selbstvergessene Verlorenheit des Dreijährigen an sein Instrument, auch wie er gleichzeitig die Erwachsenenwelt (nachmittäglich plaudernde Kaffeetrinker) ignorierte."[21] Ein „Endlosgedicht", „in dessen Verlauf ein Säulenheiliger zum Helden des Absurden" (*Zwiebel*, 381) geworden sei, war eine Keimzelle des Romans. Ein „Zwerg, der die Röcke der alten Weiber zählt", erschien in diesem bruchstückhaft erhaltenen Gedicht *Der Säulenheilige;*[22] sein Blick von oben wurde rücksichtslos in einen Blick von unten verändert. Es kam Grass auf die außergewöhnliche, einmalige Perspektive an, aus der das Geschehen berichtet werden sollte. Eine andere Anregung war der Film *Der Dritte Mann* (Regie: Carol Reed), in dem die Kamera dem Blick eines Kindes folgt.[23]

Tradition des Bildungsromans

Vieles weist auf die Tradition des Bildungsromans hin: Ein Mensch berichtet sein Leben von Kindheit an und geht auf die verschiedenen Erziehungsvorgänge ein. Oskar erzählt als ein bei Geburt Vollendeter aber von seiner Nichterziehung, seinen Un- und Missbildungen. Der Erziehungsroman wird auf den Kopf gestellt, sinnvoll zu leben ist wie sich geistig zu entfalten unmöglich. Auch der Künstlerroman wird umgedreht. Oskar zersingt im Fronttheater nicht mehr wie zuvor Glas aus Protest, sondern nach einem

---

20 Der Text im WDR findet sich in Günter Grass: *Essays, Reden, Briefe, Kommentare*. Werkausgabe 1987, Bd. 9, S. 624–633. Auch in: Grass: *Zeuge*, S. 102–114 und Neuhaus, Stuttgart 1997, S. 58–70.
21 Grass: *Zeuge*, S. 106, Grass/Zimmermann, S. 60.
22 Grass: *Zeuge*, S. 105 f. 1952 schrieb Grass ein Gedicht über einen Maurer, der sich in einer Kleinstadt auf einer Säule ankettete, um von „enthobener" Stelle seine Perspektive zu finden.
23 Günter Grass/Harro Zimmermann: *Vom Abenteuer der Aufklärung. Werkstattgespräche*. Göttingen 2000, S. 60.

3.1 Entstehung und Quellen

künstlerischen Programm. Das ist „die Parodie und die Ad-absur-
dum-Führung des Künstlerromans"[24] und entspricht dem Anliegen
des Romans: Die bürgerliche Erziehung und die bürgerliche Kunst
wurden durch den Nationalsozialismus auf den Kopf gestellt und in
dieser Zeit sinnlos; Erziehung und humanistische Bildung bewahr-
ten vor nichts.

Der Trommler Oskar Matzerath hat noch einen Paten in Heines
Ideen. Das Buch Le Grand (1826): Der Tambour Le Grand bringt
dem Kind Heine die Grundbegriffe der Französischen Revolution
auf der Trommel bei. Le Grand stirbt während dieser Erinnerungen
und Heines Erzähler, versehen mit autobiografischen Zügen, zer-
sticht die Trommel, „sie sollte keinem Feinde der Freiheit zu einem
servilen Zapfenstreich dienen"[25]. Das Bindeglied zwischen den beiden Trommlern ist die pikareske Erscheinung, die sie bieten; ihre
Beziehung ist eine reziproke.

Grass' Düsseldorf-Aufenthalt und seine ausgedehnte Lektüre,
verbunden mit einem „kreativen Nachkriegsrausch" von Bildhaue-
rei, Zeichnen, Jazz und Dichten,[26] gehören neben der Kindheit und
Jugend in Danzig zum biografischen Hintergrund. In *Beim Häuten
der Zwiebel* hat Grass seine Kindheit beschrieben: Sie sei „einer
Person angehängt, die, kaum zu Papier gebracht, nicht wachsen
wollte" (*Zwiebel*, 8); die Gruppe Artisten, unter denen sich Liliputaner befanden, erlebte er auf der Fahrt mit dem Marschbefehl nach
der Einberufung (*Zwiebel*, 125) usw. Er ging auch auf übergreifen-
de Personenkonstellationen ein – der Bandenführer Störtebeker der
Blechtrommel ist zum Studienrat Starusch in *örtlich betäubt* gewor-

Parodie des Künstlerromans

Motiv der Trommel

Autobiografische Spuren

24 Grass/Zimmermann, S. 54.
25 Heinrich Heine: *Ideen. Das Buch Le Grand*. In: Heinrich Heine: Sämtliche Schriften. Hg. von Klaus Briegleb. München ³2005, 2. Bd., S. 281 f.
26 Volker Neuhaus: *Schreiben gegen die verstreichende Zeit. Zu Leben und Werk von Günter Grass*. München 1997, S. 49.

3.1   Entstehung und Quellen

den (*Zwiebel*, 150) – und auf seine Aversion gegen Lehrer, was zu Fräulein Spollenhauer (96 ff.) in der *Blechtrommel* geführt habe (*Zwiebel*, 242). Ursprünglich als Ballett Gedachtes, wie eine Tanzszene zwischen zwei Polizisten und einem Flüchtling, sei in der *Blechtrommel* zur Prosa geworden; gemeint ist das 1. Kapitel *Der weite Rock* (*Zwiebel*, 410 f.).

Literarischer Lehrer: Alfred Döblin

Auf eine unbekannte Parallele machte Gertrude Cepl-Kaufmann aufmerksam, sie war darauf hingewiesen worden, Grass sei dem Muster von Adolf Uzarskis (1885–1970) Roman *Möppi. Die Memoiren eines Hundes* (1921) gefolgt: Die Erzählung als Rückschau, die Reflexionen der Erzähler über den Schreibvorgang, Erzähler als Schelme mit Sinn für die eigene Familiengeschichte u. a. m. deuteten darauf hin.[27] Der Roman, der 1955 wieder aufgelegt wurde, spielte im Düsseldorf der Zeit nach dem Ersten Weltkrieg, die *Blechtrommel* in großen Abschnitten des 3. Buches im Düsseldorf der Zeit nach dem Zweiten Weltkrieg. Über allem stand Grass' literarischer Lehrer Alfred Döblin. Von ihm lernte er den Umgang mit der Erzählperspektive, die Organisation von Stoffmassen und die Darstellung gleichzeitiger Handlungen. Grass' Lehrbuch war Döblins *Die drei Sprünge des Wang-lun*, nicht, wie man annehmen möchte, der Roman *Berlin Alexanderplatz*.[28]

Es gab „offensichtlich drei, vier, fünf Manuskriptfassungen",[29] die aber mit einer Ausnahme – gelegentlich „Urtrommel" genannt[30] – von Grass vernichtet wurden. Von Beginn an war das Kapitel *Der*

---

27 Vgl. Gertrude Cepl-Kaufmann: *Der Fall Uzarski*. In: Gertrude Cepl-Kaufmann: R(h)ein gedacht. Essen 2007, S. 50 f.
28 Grass/Zimmermann, S. 13.
29 Vgl. Günter Grass, Dieter Stolz, Claus-Ulrich Bielefeld: *Blick in die Werkstatt: Der Autor und sein verdeckter Ermittler*. In: Sprache im technischen Zeitalter. 34 (1996), (26. 2. 1996 im STUDIO DREI – ForumKultur des SFB 3), S. 304.
30 S. Anm. 17; vgl. auch: Werner Frizen: *Anna Bronskis Röcke – Die Blechtrommel in ursprünglicher Gestalt*. In: Neuhaus/Hermes, *Danziger Trilogie*, S. 144–150.

3.1 Entstehung und Quellen

Igel vorhanden, aber die Oskar kennzeichnenden Prägungen wie Glaszersingen u. a. noch nicht. Der Roman, die Arbeit daran begann 1956 in Paris, trug wechselnde Arbeitstitel wie „Oskar der Trommler" und „Der Trommler". Grass suchte lange nach dem Anfang; Oskar erinnert daran. Die Trommel wurde wichtig, „während das Ich noch ohne Inhalt ist".[31] Zeitgenössische Belege gab es. Grass verwendete sie in Gedichten, Wolfdietrich Schnurre schrieb ein *Blechtrommellied* (1955). Den trommelnden Zwerg gab es 1919 in des Bildhauers, Malers und Dichters Hans Arp *wolkenpumpe*.[32] Im Frühjahr 1958 reiste Grass nach Polen, um nach vierzehn Jahren Abwesenheit von Danzig Erinnerungen aufzufrischen, Zeitzeugen zu suchen und Bekannte, schließlich die siebenundsiebzigjährige kaschubische Großtante Anna zu treffen. Als er 1958 in Großholzleute vor der Gruppe 47 las, zwei Kapitel des Romans, bekam er dafür den Preis der Gruppe von 4.500 DM. Am 1. Februar 1959 wurde der Roman beendet.

In der Literaturgeschichte fallen Vorbilder ein: In Laurence Sternes *Leben und Meinungen des Tristram Shandy* (1759–67) beobachtet der Held seine Zeugung, im Gegensatz dazu beschreibt Grass die Zeugung der Mutter des Helden. Als Alfred Matzerath die von Oskar bereits geschwängerte Maria begattet, kommt es zu einem direkten Hinweis auf den Zeugungsvorgang am Beginn von Laurence Sternes Roman: „Nur als die Uhr dreiviertel schlug, stockten beide" (372). Oskars Zwergengröße, auf eigenen Wunsch, erinnert an E. T. A. Hoffmanns *Klein Zaches genannt Zinnober* (1819). Grimm'sche Märchen sind präsent: Oskar alias Rumpelstilzchen oder Däumling. Jean Pauls *Siebenkäs* mit der Verkündigung, dass

Literarische Vorbilder

---

31 Theodor Pelster: *Günter Grass.* Stuttgart 1999, S. 54.
32 Vgl. dazu Arker, S. 36 ff.

3.1 Entstehung und Quellen

es keinen Gott gibt, fand Grass selbst beispielhaft. Das zwergenhaf-
te Kind Oskar ist unheimlich wie Zwergenkinder in Märchen und
Sagen.

Gerhart Haupt-
manns Werke

Einige Szenen erinnern an Werke Gerhart Hauptmanns. Die
Geschichte der Danziger Galionsfigur Niobe ist Hauptmanns Erzählung *Das Meerwunder* ähnlich, bei der Szene in den Ateliers
der Kunstakademie und dem Bild des „Krüppels" als Gekreuzigten
(607) fällt Hauptmanns *Michael Kramer* ein, die zusammenbrechen-
den Tonentwürfe der Bildhauerklasse (612) kennt man aus Hauptmanns Bildhauerstudium in Rom.

Unter den Begleitern der Arbeit am Roman war **Paul Celan**, der
ihm begreiflich machte, dass es nach Auschwitz kein Ende der Literatur gäbe, wie Theodor W. Adorno erklärt hatte.[33] Er wies ihn
auf Rabelais' Roman *Gargantua und Pantagruel* hin, der wichtig für
die sinnlich-barocken lebensprallen, aber auch für die grotesken
Beschreibungen von Komik, Lust und Erotik wurde. Das Kapitel
Glaube Liebe Hoffnung am Ende des 1. Buches verbindet biblische
Motive mit Versatzstücken aus Märchen wie „Es war einmal ..."; es
ist durch sich wiederholende und variierende Textabschnitte fugen-
ähnlich angelegt. Celans *Todesfuge* hat nachgewirkt.[34]

Danzig und Westpreußen als Handlungsorte ergeben sich ebenso aus Grass' biografischer Erfahrung wie Düsseldorf und Paris.
Der Großvater Friedrich Grass besaß in der Elsenstraße im Danziger Vorort Langfuhr ein Mietshaus, in dessen Hof er eine Tischlerei
betrieb. In diesem Vorort ist Grass aufgewachsen. Das Langfuhr von
einst ist heute kein Vorort mehr, sondern lebendiges Danzig und
Handelsmittelpunkt der Stadt. Alles, was in der *Danziger Trilogie*, so

---

33 Adorno hatte im Schluss-Satz seines Essays *Kulturkritik und Gesellschaft* (1955) erklärt, nach
„Auschwitz ein Gedicht zu schreiben ist barbarisch". Celan widerlegte den Philosophen mit Gedichten, unter anderem der berühmten *Todesfuge* (dt. 1948 veröffentlicht).
34 Vgl. Grass/Stolz/Bielefeld, S. 307.

3.1 Entstehung und Quellen

Danzig 1933,
Häuser und
Speicher an
der Mottlau
© ullstein bild
Gitta Seiler

von dem britischen Germanisten John Reddick genannt, scheinbar provinziell geschieht, ist verlängerbar als Geschichte des deutschen Kleinbürgertums; Ereignisse und Handlungen tragen diese
Vergleiche.

Oskar Matzerath und Danzig sind konstituierende Elemente der
Danziger Trilogie und gleichzeitig Symbole geschichtsträchtiger
Vorgänge. Persönlichkeitsgeschichte und nationale Geschichte fal-
len in der Gestalt Oskar Matzeraths zusammen. Die Großsymbole
lösen sich im Roman in einzelne Symbole auf, die organisierende
Funktion bekommen: Für Oskar sind es die Trommel, das Fotoalbum

Symbole

3.1 Entstehung und Quellen

und das schwarze Dreieck, für die Geschichte die immer wieder eingesetzten Zeitangaben (Uhr), der säkularisierte Jesus als Rächer, nicht als Erlöser und anderes. Die Blechtrommel, in den polnischen Nationalfarben rot und weiß eine politische Nuance bekommend, ist das Zentralsymbol des Romans, erinnernd an militante Aufmärsche ebenso wie an Tänze der Naturvölker.

3.2 Inhaltsangabe

ZUSAMMEN-FASSUNG

Die Fülle an Handlungselementen verhindert, jeden Handlungsstrang erwähnen oder verfolgen zu können. Es wird deshalb ausgewählt.

Der kleinwüchsige Oskar Matzerath, geboren 1924, ist in eine Heil- und Pflegeanstalt in Düsseldorf zwangseingewiesen worden. Vom Herbst 1952 bis zum September 1954 schreibt der knapp Dreißigjährige dort die Geschichte seines bisherigen Lebens nieder, das auch zum Abbild der Geschichte Deutschlands von der Jahrhundertwende 1900 bis in die Zeit nach dem Zweiten Weltkrieg wird. Die Erzählung soll Oskars besondere Eigenschaften – das Glaszersingen –, den Umgang mit seiner Trommel, mit der er Erinnerung ertrommeln kann, und sein oft merkwürdiges Verhalten erklären.

1. Buch

Oskar Matzerath ertrommelt sich auf seiner blechernen Kindertrommel seine Lebensgeschichte. Er berichtet von der Zeugung seiner Mutter, der Flucht des Großvaters, dem Entschluss mit drei Jahren, nicht mehr zu wachsen, der Fähigkeit Glas zersingen zu können usw. Seine Ausbildung nimmt er selbstständig vor, indem er eine Rasputin-Biografie und Goethes **Wahlverwandtschaften** *kombiniert. Die Mutter stirbt bei einem missglückten Schwangerschaftsabbruch. Die Nazis gewinnen an Bedeutung; Oskar erlebt die „Kristallnacht" 1938 und verliert den Lieferanten seiner Blechtrommeln.*

Oskar berichtet – manches dem Pfleger Bruno und den Freunden Klepp und Vittlar erzählend – seine Familien- und Lebensgeschich-

Gegenentwurf zu Autobiografien

3.2   Inhaltsangabe

te, beginnend mit der Zeugung seiner Mutter 1899 in der Kaschubei während der Verfolgung seines polnisch-nationalen Großvaters, der eine Sägemühle angezündet hatte – der Sägemeister hatte seine nationalen Gefühle missachtet –, durch wilhelminische Feldgendarmerie. Der flüchtende Brandstifter rettete sich unter die vier Röcke der Großmutter und verschaffte ihr ein Erlebnis „wie am ersten Tag oder am letzten" (18), Schöpfung oder Verdammung. Der Großvater flieht, nach Schnelltrauung, Übersiedlung nach Danzig, neuer Identität und Enttarnung, und kommt 1913 bei der Flucht unter Flößen auf der Mottlau um. Oder er ist in die USA entkommen. (Der Roman *Die Rättin* bestätigt die zweite Variante.) 1923 heiratet der protestantische Kolonialwarenhändler Alfred Matzerath aus dem Rheinland die katholische Agnes, die unter den vier Röcken auf dem Kartoffelacker gezeugt worden war. Im September 1924 wird Oskar geboren und hat bei seiner Geburt seine „geistige Entwicklung .... abgeschlossen" (52). Es erscheint möglich, dass das Verhältnis zwischen seiner Mutter und ihrem Cousin Jan Bronski, der bis 1918 bei Agnes' Familie gewohnt hatte, Folgen hatte und Jan sein Vater ist. Seine Eltern versprechen ihm zum dritten Geburtstag eine Blechtrommel. Oskar, der sich als frühvollendetes Kind vorstellt – der „Dreijährige, aber auch Dreimalkluge" (71) –, beschließt, mit drei Jahren sein Wachstum einzustellen; dazu fingiert er einen Treppensturz. Aus dieser Perspektive erkennt er die Sinnlosigkeit des kleinbürgerlichen Lebens genauer und stellt sie durch seine lärmenden Trommeleinlagen aus; mündlich äußert er sich bis zu seinem fünfzehnten Lebensjahr nicht, allenfalls lallend werden Wünsche vorgetragen wie „'Döte'" (115), Goethes *Wahlverwandtschaften* meinend.

    Er verfügt über die märchenhafte Fähigkeit, Glas zu zersingen; nur kirchliche Fenster verweigern sich ihm (185). 1931 geht Oskar für einen Tag in die Schule und bildet sich danach selbst. Da-

Erinnerungsmaterial

Fähigkeit, Glas zu zersingen

3.2 Inhaltsangabe

zu benutzt er eine Biografie Rasputins und Goethes Roman *Die Wahlverwandtschaften*. Diese gegensätzlichen Bücher werden Oskars „zwei Seelen" (118), die dionysisch und apollinisch angelegt sind, gerecht. Oskars Welt beschränkt sich auf Danzig-Langfuhr, Saspe, Brösen und andere Orte; es ist die kleine Welt der Familie, in der Oskar seine Trommel einsetzt. Er weiß um das intime Verhältnis seiner Mutter zu Jan, zersingt aus Protest die Fenster des Stadttheaters und zertrommelt unter einer Tribüne sitzend eine Kundgebung der Nationalsozialisten, nachdem ihm der Liliputaner und Musikclown Bebra, den er im Zirkus kennenlernte und den er als seinen „Meister" (310) anerkennt, als Erfahrung vermittelt hat, nie vor einer Tribüne zu stehen, sondern immer auf ihr zu sitzen. „Die politischen Ereignisse der nächsten Jahre gaben ihm recht: Die Zeit der Fackelzüge und Aufmärsche vor Tribünen begann." (145) Mit seinem Singen verführt Oskar auch Menschen zum Diebstahl, am 18. Januar 1937 auch Jan Bronski, der das gestohlene Rubincollier Oskars Mutter schenkt.

In der Herz-Jesu-Kirche versucht Oskar in der Karwoche 1937   Der Aal
vergeblich, dem Jesus-Kind das Trommeln beizubringen. Am Karfreitag dieser Woche erlebt Oskar einen Aalfang, dessen Anblick seiner Mutter große Übelkeit bereitet und Beginn ihres Endes wird (191 ff.). Sie stirbt an einer Fischvergiftung, mit der sie einen Schwangerschaftsabbruch herbeiführen wollte. Oskar findet in der Familie Truczinski sorgende Menschen und in Herbert Truczinski, den Bruder der späteren Geliebten Maria, Kellner und Museumswärter, einen wirklichen Freund, dessen Rücken voller Wunden ist, die den Rücken zu einer Landkarte von Verbrechen und Brutalität machen, denen Herbert ausgesetzt war und von denen Oskar erfährt, während Herbert auf dem Bauch liegend Zeitung liest. Er findet einen schrecklichen Tod, als er die Galionsfigur Niobe „bespringen" (251) will. Oskar trifft Bebra in Begleitung der kleinwüch-

3.2 Inhaltsangabe

sigen Roswitha Raguna, „die neapolitanische Somnambule" (220),
wieder; sie bieten Oskar die Teilnahme an „Bebras Mirakelschau"
(221) an. Oskar lehnt ab.

Politische Spannungen nehmen zu

Die Spannungen zwischen der Freien Stadt Danzig und Polen
steigen; Oskars Großmutter, die aus Polen einreist, muss ihren Ver-
kaufsstand in Danzig-Langfuhr aufgeben. Oskar erlebt 1938 die
„Kristallnacht". Sein Spielzeughändler Sigismund Markus, ein Ju-
de, der ihm die Blechtrommeln besorgte und mit seiner Mutter und
Oskar nach England fliehen wollte, nimmt sich das Leben. Oskars
„verhältnismäßig heitere Spielzeit" (269) hatte ihr Ende gefunden.
Der 10. November 1938 verändert Oskars Leben grundsätzlich.

2. Buch

*Oskar denkt über seine Leidenschaft, die alten Blechtrommeln auf-
zubewahren, nach. Die Spannungen in Danzig werden größer, der
Zweite Weltkrieg bricht aus; die Polnische Post wird verteidigt. Der
daran beteiligte Jan Bronski, wird, von Oskar verraten, erschossen.
Oskar schwängert Maria Truczinski, die Alfred Matzerath danach heiratet. Der Gemüsehändler Greff, mit dessen Frau Oskar ein Verhältnis
hat, erhängt sich. Oskars Sohn Kurt wird 1941 geboren; Oskar geht
mit Bebras Fronttheater an die Westfront und kehrt 1943 zurück. Er
entgeht der Vernichtung als „lebensunwertes Leben" und wird als
Nachfolger Jesu zum rächenden Anführer der Stäuber-Bande. Er ist
für Alfred Matzeraths Tod verantwortlich, begräbt seine Trommel und
flieht mit Maria und Kurt aus Danzig, dabei wächst er. Vom August
1945 bis zum Mai 1946 liegt er in einem Düsseldorfer Krankenhaus.*

Seit dem 10. November 1938 werden alte Blechtrommeln Oskars
gesammelt, da es schwerer wurde, zu Trommeln zu kommen. Inzwischen ist, wie Oskars Geliebte und Stiefmutter Maria ihm bei
einem Besuch in der Anstalt erzählt, nicht mehr viel Platz im Keller. –

3.2   Inhaltsangabe

Oskar erzählt, wie sich die freundschaftlich familiären Beziehungen aufzulösen begannen; die Spannungen zwischen Deutschen
und Polen größer wurden.

Auf der Suche nach dem Hausmeister Kobyella, der Oskars Trommel reparieren soll, trifft Oskar mit Jan Bronski in der polnischen
Post ein, erlebt dort den Beginn des Zweiten Weltkrieges und nimmt
an der Verteidigung der Post gegen die SS-Heimwehr teil. Dabei
findet er eine fast unversehrte Blechtrommel und lässt kurzzeitig die
„Verkleidung" (310) als Zwerg fallen, denn von seiner wirklichen
Existenz als geistig reifer Halbwüchsiger wissen nur die ebenfalls
kleinwüchsigen Bebra und Roswitha. Er verrät seinen Vater, den
Kaschuben und Sekretär der polnischen Post Jan Bronski, an die SS-
Heimwehr („Judasschauspiel", 318), Bronski wird erschossen. Die
Wochenschau filmt die 31 überlebenden Polen vor ihrer Ermordung.
Oskar, der sich nun zu den SS-Heimwehrleuten rechnet (319), wird
vom verwirrten Leo Schugger (sprechender Name: Schugger – me-
schugge, umgangssprachlich: verrückt) an den Ort beim Friedhof
in Saspe geführt, wo Jan Bronski erschossen wurde.

Alfred Matzerath holt 1940 als Unterstützung Maria Truczinski,
Herberts Schwester, in die Wohnung. Sie wird Oskars Geliebte („Oskars erste Liebe", 342) und von ihm geschwängert. Bald schläft auch
Alfred mit ihr und heiratet sie. Oskar kommentiert: „Mein Vater hei-
ratete meine zukünftige Frau, nannte später meinen Sohn Kurt seinen Sohn Kurt, verlangte also von mir, daß ich in seinem Enkelkind
meinen Halbbruder anerkannte ..." (374). Am 11. Juni 1941 kommt
Oskars Sohn Kurt auf die Welt. Oskar stellt sich während der Taufe
seines Sohnes Kurt auf ein Verhältnis (399) mit der „immer übler rie-
chenden Schlampe" (386) Lina Greff ein, deren „Ausdünstung" den
Vanille-Geruch Marias, den Oskar liebte, „überschrie, verschluck-
te, tötete" (397). Ihr Mann, der Oskar eine Schüssel mit warmen
Wasser zurechtstellt, damit er sich nach dem Verkehr mit ihr wa-

Oskar verrät
Jan Bronski

Oskars Sohn Kurt

3.2 Inhaltsangabe

schen kann, ist homosexuell und hängt sich im Oktober 1942 auf, nachdem er eine Vorladung von der Sittenpolizei bekommen hat.

Oskar als glas-tötender Tromm-ler

Oskar tritt, mit einer fiktiven Biografie als Oskarnello Raguna, 1943 als „glastötender Trommler" (428) und „Blechvirtuos" (426) in Bebras Fronttheater auf, besichtigt den Atlantikwall und erlebt dort ein Frühstück auf dem Kampfplatz, das als Einakter in den Roman aufgenommen wurde – der Einakter ist dem seinerzeit berühmten Einakter *Picknick im Felde* (dt. Uraufführung am 6. Mai 1959 in Frankfurt/M.) Fernando Arrabals ähnlich, aber Grass hatte das Manuskript seines Romans bereits im Februar abgegeben. – Oskar erlebt den Beginn der Invasion im Westen; seine Geliebte Roswitha wird dabei getötet. Er kehrt 1944 unverletzt und rechtzeitig zum dritten Geburtstag seines Sohnes Kurt nach Danzig zurück. Der Sohn Kurt verprügelt Oskar und zertrümmert die ihm geschenkte Blechtrommel. Kriegsverluste in der Verwandtschaft häufen sich.

Das Wunder in der Herz-Jesu-Kirche

Maria genügt der protestantische Gottesdienst nicht mehr, sie will konvertieren und besucht mit Oskar die Herz-Jesu-Kirche. Oskar erlebt dort ein Wunder: Der Jesus in der Herz-Jesu-Kirche nimmt nun Oskars Belehrung an und trommelt auf der Blechtrommel Gassenhauer wie *Lili Marleen*. Gewarnt von Satan, entscheidet sich Oskar doch, ein säkularisierter „Nachfolger" von Jesus zu sein (454, 471) und die „Stäuber" zu führen. Damit tritt er auch die „Nachfolge" seines möglichen Vaters Jan Bronski an, der dem Heiland in „peinlicher Vollkommenheit" (177) glich. Bronskis Tatenlosigkeit (die Hände „gepflegt und arbeitsscheu", 177) soll durch Oskars Taten eliminiert werden. Alfred Matzerath verhindert mehrfach, dass Oskar als „lebensunwertes Leben"[35] „in die Anstalt" (455) kommt

---

35 Der Begriff, geprägt 1920 von Karl Bindung und Alfred Hoche, bestimmte die nationalsozialistische Rassenpolitik. Seit 1939 – dem Kriegsbeginn – führte sie auch zur zunehmenden Ermordung von Kindern; Grundlage war ein Erlass Hitlers, der rückwirkend für Kinder bis zu drei Jahren galt.

3.2 Inhaltsangabe

und getötet wird; so zerreißt er den Brief „der Anstaltsleitung" (475).
Er unterschreibt erst, als Danzig schon unter „Artilleriebeschuß"
(507) liegt und es fraglich ist, ob Post befördert würde (532).

In der „Stäuber-Bande", deren Mitglieder von Oskar als seine
Jünger bezeichnet werden und die ihn wegen seiner stimmlichen
Zerstörungsfähigkeit als übermenschlich verehren, wird er zum „Jesus" im Kampf gegen „alles (483). Er dringt mit seiner Bande in
die Herz-Jesu-Kirche ein, raubt Figuren und zelebriert eine Messe.
Dabei wird die Bande verhaftet. Oskar wird – im „zweiten Prozeß
Jesu" (501) – als unwissendes dreijähriges Kind behandelt und frei-
gesprochen. Oskar hat sich in die Rolle eines Messias gefügt, der auf
das Böse der Welt hinweist, obwohl er selbst das Böse ist. Der alte
Matzerath verschluckt am Ende des Krieges voller Angst das Par-
teiabzeichen, das Oskar ihm absichtlich gereicht hat, wie er bei der
Beerdigung bekennt, und wird von einem sowjetischen Soldaten erschossen. Die Banalität des Bösen gerät zur Groteske.[36] Entwertung
allen Heldentums bestimmt die Handlung. Die Weltgeschichte ist
mit der Familiengeschichte deckungsgleich geworden: Während
Alfred Matzerath erstickt und erschossen wird, zerdrückt Oskar
Matzerath eine Laus; die Desillusionierung der „Helden" schrei-
tet voran.

Weltgeschichte
ist mit der Fami-
liengeschichte
deckungsgleich

Bei Kriegsende wird die Greff von Russen vergewaltigt, „fand
sich dann aber schnell in jene ihr fast in Vergessenheit geratene
Lage" (516), hat bald die Wohnung voller Russen, „man hörte sie
singen" (524).

In Matzeraths Grab beerdigt Oskar seine Blechtrommel, er beendet vorerst seine Laufbahn als Trommler und entschließt sich zu
wachsen. Neue Mieter ziehen in Oskars Haus ein. Herr Fajngold,
zuvor Desinfektor im Vernichtungslager Treblinka, übernimmt Mat-

Oskar begräbt
seine Trommel
und beschließt
zu wachsen

---

36 Vgl. dazu Cepl-Kaufmann, S. 277.

3.2 Inhaltsangabe

zeraths Kolonialwarenladen und macht Maria einen Heiratsantrag. Doch sie siedelt am 12. Juni 1945 von Gdańsk, wie Danzig schon hieß (553), mit Oskar und Kurt nach Düsseldorf über. Auf der Flucht, an der auch Luzie Rennwand und Oskars „Bildungsbuch" (556) teilnehmen, wächst Oskar von 94 cm auf 121 cm, verliert aber seine „glaszersingende Potenz" (561). Oskar wird erst in ein Krankenhaus in Lüneburg, bald darauf in die Universitätsklinik in Hannover (562), schließlich in die Städtischen Krankenanstalten Düsseldorf eingewiesen.

Diesen Teil lässt Oskar von Bruno, seinem Pfleger, schreiben, da er durch einen erneuten Wachstumsschub von 121 cm auf 123 cm weder trommeln noch schreiben kann.

3. Buch
Maria kommt mit Oskar und Kurt bei ihrer Schwester in Düsseldorf unter und arbeitet im Schwarzhandel, an dem auch Oskar teilnehmen muss. Er versucht sich zu bilden und sehnt sich nach seiner früheren Größe zurück. Er arbeitet als Steinmetzpraktikant, wird neu eingekleidet, hat im Tanzlokal Erfolge und sieht sich mit Problemen wie Hamlet konfrontiert. Nach der Währungsreform widmet sich Oskar als Modell der Kunst, zieht bei Maria aus und als Untermieter bei Zeidlers ein, wo er sich in die Krankenschwester Dorothea verliebt. Er lernt Klepp kennen und gründet mit ihm eine Jazzkapelle, die im Zwiebelkeller engagiert wird. Mit dem Vorschuss eines Agenten wiederholt er die Reise an den Atlantik, trifft Bebra wieder, geht auf Tourneen, wird reich und beschenkt Maria mit einem Kolonialwarengeschäft. Er findet den Ringfinger Dorotheas, betet ihn an, gerät in Mordverdacht, flieht nach Paris und wird dort verhaftet. In der Heil- und Pflegeanstalt untergebracht, erzählt er sein Leben und erfährt zu seinem Schrecken an seinem dreißigsten Geburtstag, dass er unschuldig ist und entlassen wird.

3.2 Inhaltsangabe

Im Mai 1946 wird Oskar aus dem Düsseldorfer Krankenhaus entlassen. Er wird sofort in den Schwarzhandel Marias, die „in Kunsthonig" macht (567), eingebunden. Der Versuch, seine Bildung durch Volkshochschule und British Center zu erweitern, gelingt bedingt und schafft ein „bescheidenes, so doch großzügig lückenhaftes Bildungsniveau" (570). Trotz des vielen Lesens ging nichts in ihn „hinein", sondern „durch mich hindurch" (571). Er bereut, sich zum Wachsen entschlossen zu haben, denn die Welt der Erwachsenen interessiert ihn nicht.

Oskars Leben als Erwachsener

Er versucht sich als Steinmetz, trotz fehlender Kraft ist er beim Schriftklopfen und bei Bildhauerarbeiten unübertroffen. Da Grabdenkmäler auch mit Kleiderstoffen, Schuhen usw. bezahlt werden, wird Oskar neu eingekleidet und bekommt dadurch etwas „dämonisch Intellektuelles" (590). Seine Freizeit verbringt er in Tanzlokalen, vor allem in der „Löwenburg", die ihm auch sexuelle Abwechslung mit Mädchen vom Fernsprechamt verschafft. Als er auf dem Friedhof von Oberaußem ein Denkmal setzt,[37] reflektiert er bei einer Umbettung über den Ringfinger der umzubettenden Leiche (600). Ein Ringfinger ist später Ausgangspunkt für einen weiteren Prozess gegen Oskar, „den dritten Prozeß Jesu" (506). Er sieht sich Yorick und Hamlet ähnlich, allerdings weniger mit existenziellen, mehr mit kleinbürgerlich spießigen Fragen konfrontiert wie „Heiraten oder Nichtheiraten, das ist hier die Frage" (603). Hamlets „Sein oder Nichtsein" schimmert in der Platitüde durch. Maria, der er einen Heiratsantrag macht, lehnt ab.

Oskar kündigt nach Marias Absage beim Steinmetzen, sagt dem Leben als Ehe- und Biedermann ab und fällt „der Kunst anheim" (604). Seine neue Karriere beginnt als Modell in der Kunstakade-

Karriere als Künstlermodell

---

37 In Niederaußem fand Grass nach dem Krieg seine Familie, Vater, Mutter und Schwester, in der Futterküche eines katholischen Großbauern wieder. Vgl. Neuhaus, Stuttgart 1997, S. 42.

3.2   Inhaltsangabe

mie. Bei einem Künstlerfest zum Karneval trifft er den Obergefreiten
Lankes vom Atlantikwall wieder, durch ihn lernt er Ulla kennen, die
er ebenfalls als Modell an der Kunstakademie unterbringt. Sie stellen miteinander Szenen dar wie „Faun und Nymphe", auch „Die
Schöne und das Untier" (618). Schließlich wird auch ein Bild „Madonna 49" gemalt,[38] auf dem Ulla die Madonna, Oskar Jesus ist. Als
Maria ihn verprügelt, nachdem sie das Bild gesehen hat, und als
„Hurenbock" beschimpft (622), verlässt er die gemeinsame Wohnung.

Die Kranken-
schwester
Dorothea

Oskar wird Untermieter, zieht ins Badezimmer zu Zeidlers, Jüli-
cher Str. 7 – Grass' erstes eigenes Zimmer war ein Badezimmer –
und lernt „die Kunst des Zurücktrommelns" (623). Eine ihm vom
Maler Raskolnikoff geschenkte neue Blechtrommel bringt er mit.
In dieser Wohnung wohnt die Krankenschwester Dorothea Könget-
ter, die Oskar liebt, ohne sie gesehen zu haben. Als sie von einem
Dr. Werner Briefe bekommt, wird Oskar eifersüchtig, untersucht
ihr Zimmer, sammelt sich eine Locke ausgefallener Haare – Doro-
thea leidet unter Haarausfall –, öffnet Briefe, befriedigt sich in ihrem
Kleiderschrank und trommelt wieder. Ein Lackgürtel wie ein Aal im
Schrank Dorotheas (Phallussymbol, 194) löst einen Erinnerungs-
strom aus, der in mit Farben gespickten Bildern Oskars bisheriges
Leben wie einen Film ablaufen lässt (649 ff.), und im Gegensatz
Weiß (Krankenschwester, Liebe) und Schwarz (Schwarze Köchin,
Angst) gipfelt (650 f.). Ein anderer Untermieter ist der Jazzmusi-
ker Klepp mit „leninistische(n) Gefühle(n)" (367), der Oskar später
am Krankenbett besucht. Er wird von Oskar zum Aufstehen veran-

---

38   Der Titel korrespondiert mit Edvard Munchs *Madonna* (1902), deren Modell Dagny Juel ähnlich
erotische Wirkung hatte, wie sie Oskar dem Modell Ulla zubilligt („Die Schamhaare kraus rötlich,
nur ein kleines Dreieck bewachsend.", 618). Auf Munchs Bild ist statt des Kindes oder eines Kre-
tins ein Embryo zu sehen. Munchs Bild war als Gemälde und als Druck bekannt, Raskolnikoffs
Bild als Gemälde und Plakat.

3.2   Inhaltsangabe

lasst und dadurch aus seiner widerlich traurigen Situation befreit. Klepp und Oskar beschließen eine Jazzkapelle zu gründen. Sie suchen dafür einen „Giutarristen" (671). Klepp und Oskar verlegen in der Wohnung einen Kokosteppich, dessen abgeschnittene Überlänge Oskar zuerst als Bettvorleger, dann als „schickliche" (677) Notbekleidung verwendet, die Schwester Dorothea für Teufelswerk hält. Aber der von Dorothea begehrte satanische Geschlechtsverkehr zwischen beiden misslingt wegen der Unfähigkeit Oskars, der eine „beschämende Pleite erlebte" (680). Klepp und Oskar gründen am nächsten Morgen die Jazzkapelle „The Rhine River Three", die der Gastwirt Schmuh für seinen *Zwiebelkeller* engagiert, einer Kleingaststätte, in der man so lange Zwiebeln schneidet, bis man im „tränenlosen Jahrhundert" (693) weinen kann, die satirische Beschreibung der fehlenden Trauer und Bereitschaft zur Sühne für die Schrecken der Vergangenheit. Skurrile Beziehungen und Schicksale lernt Oskar dort kennen, von denen er einige an den Leser weitergibt. Oskar trommelt die Besucher der Bar in die Kindheit zurück und lässt sie ihre kindlichen Bedürfnisse befriedigen. Ein Konzertagent bietet nach Schmuhs Tod Oskar einen Vertrag an und gibt ihm einen Vorschuss, mit dem Oskar seine Reise an den Atlantikwall wiederholt, begleitet vom einstigen Obergefreiten und jetzigen Maler Lankes. Sie treffen den ehemaligen Kommandeur der Bunker, Herzog, wieder; die Nonnen, die einst in der Schusslinie auftauchten und deshalb erschossen wurden, erscheinen wieder und Lankes verführt eine Novizin, die schon 1944 Agneta hieß.

Trauer und Bereitschaft zur Sühne

In der Konzertagentur „West" trifft Oskar Bebra als Chef wieder. Der zählt ihm die Toten vor, an denen Oskar mitschuldig wurde: Roswitha, Oskars Mutter, Jan Bronski, Alfred Matzerath. Oskar wird von der Agentur wie ein „Zauberer, Gesundbeter ... Messias" (733) angekündigt und durch Schallplatten reich. Er kauft Maria, die sich dafür von ihrem Geliebten Stenzel trennen muss, ein Feinkostge-

Wiedersehen mit Bebra

schäft „in bester Geschäftslage" (737). Bebra stirbt, Oskar wird sein
Erbe. Beim Spaziergang findet Oskar den Ringfinger Dorotheas mit
Ring. Gottfried von Vittlar, den er bei dieser Gelegenheit kennen-
lernt und der sein Freund wird, zeigt Oskar in Absprache mit ihm
bei der Polizei an, um ihre Langeweile zu bekämpfen und selbst einmal in die Zeitung zu kommen. Vittlars Bericht wird eingefügt. –
Als beide eine Straßenbahn entführen, steigen unterwegs wie ein
Spuk ein „zum Tode Verurteilter und zwei Henker" (757) ein; der
Verurteilte ist der polnische Geldbriefträger Viktor Weluhn, der die
polnische Post mitverteidigte. Die von Oskar herbeigetrommelte
polnische Kavallerie beseitigt den Spuk. Um die Anzeige zu verstärken, flieht Oskar nach Paris. Dort lässt er sich verhaften und
nennt sich „Jesus", nachdem er das christliche Glaubensbekenntnis
für sich umgeschrieben hat. Nach dem Prozess wird er in die Heil-
und Pflegeanstalt Düsseldorf eingewiesen, wo er seine Lebensgeschichte erzählt. Er erfährt an seinem dreißigsten Geburtstag, dass
er unschuldig sei, Dorothea von Schwester Beate ermordet worden
sei und der Prozess neu aufgerollt werde.

Entlassung aus
der Heil- und
Pflegeanstalt

Nun muss er sein Leben neu gestalten: „Heiraten? Ledigbleiben?
... Steinbruch kaufen? Jünger sammeln? Sekte gründen?" (777) Es
bleibt die Schreckensvision der „Schwarzen Köchin", die Personifikation der Schuld und Sühne , weil Oskar nun, ungeschützt durch
die Heil- und Pflegeanstalt, mit seiner Schuld am Tod vertrauter
Menschen in die Gesellschaft zurückkehren muss. Damit wird Oskar wieder alltäglich, denn die anderen Menschen ließen sich bereits früher mit dem Lied von der „Schwarzen Köchin" „den ganzen
großen Schreck" (704) einjagen. Die „Schwarze Köchin" steht nicht
für individuelle, sondern für nationale Schuld.

3.3 Aufbau

**ZUSAMMEN-
FASSUNG**

→ Der sehr verzweigte und durch zahlreiche Handlungen sowie Figuren gefüllte Roman bedarf eines großen Aufwan-
des formaler Mittel, um überschaubar zu bleiben.

→ Die Handlung bewegt sich auf zwei Ebenen, die miteinander verschränkt werden.

→ Besonders kompliziert ist die Analyse der verschiedenen
Erzähler; mindestens drei sind zu erkennen.

→ Erster Satz und erstes Wort als aufschlussreiche Einführung in die Situation.

→ Die Bedeutung der Drei und des Dreiecks im Roman.

Die verzweigte Handlung auf zwei Ebenen

Der Roman handelt auf **zwei zeitlichen Ebenen**: 1899 bis 1952,   Zeitliche Ebenen
1952 bis 1954. In der zweiten Zeit wird die erste erzählt; beide
Ebenen durchdringen sich ständig. Schreibvorgang, dauernd vom
September 1952 bis zum 30. Geburtstag Oskars Anfang September
1954, und Anstaltsalltag korrespondieren mit der Autobiografie und
werden parallel geführt. Die drei Bücher des Romans entsprechen
drei geschichtlichen Abschnitten, wobei der jeweilige Geschichts-
abschnitt unmittelbare Auswirkungen auf Oskars Leben hat:

3.3 Aufbau

1. Bis zum Zweiten Weltkrieg 1899–8. November 1938 („Kristallnacht")	2. Der Zweite Weltkrieg 1939–1945	3. Kriegsende 1945–1954
Oskar verliert seinen Trommelllieferanten.	Zu Beginn und am Ende ist Oskar am Tod seiner Väter mitschuldig.	Oskar muss Danzig verlassen und kommt nach Düsseldorf; der Roman endet mit dem unbeschützten Eintritt in die feindliche Außenwelt.

Die Erzähler und Erzählsituationen

Haupterzähler Oskar ·

Der Roman wird über weite Strecken von Oskar erzählt. Ein Einakter am Atlantikwall, Bruno Münsterbergs Bericht wegen überanstrengter Finger Oskars (552 ff.) – verbunden mit autobiografischen Erklärungen Brunos – und ein Bericht Vittlars (745 ff.) entziehen sich (scheinbar) seinem Erzählen. Diese beiden Textabschnitte stammen zwar nicht von Oskar, werden aber von ihm in den Gesamttext aufgenommen, ohne dass Veränderungen oder Eingriffe mitgeteilt werden.

Als Erzähler ist Oskar keine einheitliche Gestalt. Verschiedene Sichtweisen verbinden sich im Haupterzähler Oskar, sie erscheinen vereinfacht in folgender Ausprägung:

1. Günter Grass,

der eigene Kindheits- und Jugenderfahrungen, vor allem im Milieu, Oskar Matzerath auflegt und nachprüfbare Details ihm als Erzähler zur Verfügung stellt, selbst aber selten zu Wort kommt. Ein grundsätzlicher Unterschied besteht im Geburtsjahr von Autor (1927) und Haupterzähler Oskar (1924), der Unterschied hat nach Grass Folgen:

3.3 Aufbau

„Ich könnte für mich nicht garantieren so wie ich bis 1945 aufgewachsen bin – drei Jahre früher geboren, ... hätte ich unter
Umständen in verbrecherische Vorgänge tätig hineinverwickelt
sein können."[39]

Die Differenz wird beim Erzählen weitgehend aufgehoben, weil Oskar mit drei Jahren – also 1927 – sein spezielles Leben beginnt. Ein
auktorial kommentierender Erzähler übernimmt Positionen des Autors und kommentiert Oskars Erzählungen aus eindeutig kritischer
politischer Haltung heraus. Er polemisiert etwa gegen die von den
Landsmannschaften vorbereitete fünfte Teilung Polens, „Revanche
im Herzen" (135), oder befragt im Namen eines „Wir" Oskars Verhalten und seine Wirkungen (157). Die Grenzen zwischen ihm und
Oskar sind fließend, vor allem dann, wenn der Erzähler objektivierend von „Oskar" spricht. Dieser Erzähler korrigiert Oskar im Detail
(„kein Grand Hand, sondern ein Karo ohne Zwein", 318), nicht im
Grundsätzlichen. Er steht über ihm, bietet ihm aber Material. Es ist
ein Erzähler mit den Zügen des Günter Grass, der seine Erfahrungen
und Erlebnisse von sich abspaltet, um sie Oskar anzuvertrauen und
so eine Ordnung über scheinbar nicht zu Ordnendes zu erreichen:
die Verbindung des Göttlichen und des Teuflischen, des Geord-
neten und des Chaotischen, des Aufklärerisch-Klassischen und des
Surrealistischen, Goethes und Rasputins, des Dionysischen und des
Apollinischen – und diese miteinander verschränkten Unterschiede
sind keine dialektischen Gegensätze, sondern unlösbare Einheiten.

2. Ein zweiter auktorialer Erzähler
unterscheidet sich von diesem ersten Erzähler, wenn er aus seiner
abgehobenen Überschau, bei der er erzähltheoretisch alles weiß

Erzähler
mit den
Zügen Oskars

---
39 Vormweg, S. 15.

3.3   Aufbau

und außerhalb der Ereignisse steht, objektivierend eingreift und große Zeiträume zusammenrafft. Seine Einsätze sind meist besonders betont durch „heute": „Heute, in seiner Heil- und Pflegeanstalt ...." (86) oder „Wenn Oskar heute ..." (134) oder „Es gehört heute zu Oskars schwierigen Aufgaben ..." (415 usw.). Oskar weist mehrfach, sich dabei mit sich selbst konfrontierend, auf die Nähe und eine mögliche Identität mit dem auktorialen Erzähler hin: „Oskar wusste damals so ziemlich alles. So wusste ich auch, wie lange Greff für sein Loch in die Eisdecke brauchte." (383) Es ist ein Erzähler mit den Zügen Oskar Matzeraths, der einspringt, wenn Oskar nicht erzählen will.

3. Der Erzähler Oskar in einer Ich-Erzählsituation:
Er bestreitet den mit Abstand größten Teil des Erzählens. Er ist der Dreißigjährige in der Heil- und Pflegeanstalt, der perfekt trommeln kann und sich seine Erinnerungen ertrommelt, aber kein Glas mehr zersingt. Er weiß weniger über die Gegenwart als der auktoriale Erzähler, aber alles über die Vergangenheit und mehr als das Kind Oskar, denn er kennt auch die Ereignisse, die außerhalb des Kindes geschahen. Ihm dienen die Blechtrommel, mit der er „Gedächtnisschwund" (735) beseitigen kann und die einzelnen Kapitel erinnert, und ein Familien-Fotoalbum von 120 Seiten Umfang als Erinnerungsmaterial. Es ist der Haupterzähler des Romans, der eine Frühform im Kind Oskar hat, das sich anfangs nur lallend, später selten rede- und erzählfähig zeigt: Es spricht während der Verteidigung der polnischen Post (beim Skat wird „zum erstenmal meine Stimme für die Sprache der Erwachsenen" eingesetzt, 307) und mit den Liliputanern im Fronttheater. Noch 1946 weist Maria Oskar zurecht, vor ein paar Monaten hätte er „noch nich mal nich baff sagen" können (569). An einer einzigen Stelle im Roman fallen alle Brechungen des Erzählers in einem umfassenden „Wir" zusam-

3.3 Aufbau

men, das Beginn und Ende nicht nur der Biografie Oskars, sondern des gesamten Erzählens im Blick hat: Oskar befindet sich im Fronttheater, aber schon wird die Nachkriegszeit in den Blick genommen und erneute Kleinbürgerlichkeit, diesmal im Begriff „Biedermeier" (450), prognostiziert.

Der Roman beginnt im September 1952 und endet im September 1954; das weist auf chronologisches Erzählen hin, das insgesamt im Roman erkennbar ist. Zwischen beiden Daten wird aber nicht gleichbleibend chronologisch, sondern funktional erzählt, nicht nur rückblickend, sondern zeitnah kommentierend wie bei Stalins Tod 1953 (S. 67 f.), wobei sich die Gegenwartshandlung dreizehn Jahre später als die parallel geführte Erinnerung ereignet. Oskar berichtet, was ihm durch Fotos einfällt, was ihm widerfährt wie Besuche am Krankenbett oder worauf er durch Mitteilungen reagiert. Grass bestätigte, dass „das chronologische Erzählen von mir als etwas Absurdes empfunden wird, aber das ich bejahe ... Nun kommt es darauf an, bei beigehaltenem chronologischen Konzept diese chaotischen Schichtungen dennoch zu erhalten"[40]. Das Erzählen wird nicht von Chronologie organisiert, sondern von Erinnerung.

Erster Satz und erstes Wort als Einführung in die Situation

Der erste Satz des Romans: Günter Grass ist für die ersten Sätze seiner Texte berühmt; 2007 wurde in einem Wettbewerb als schönster Satz der deutschsprachigen Literatur die Eröffnung seines Romans *Der Butt* gewählt: „Ilsebill salzte nach." – Vom ersten Satz wird die Perspektive des Romans gelenkt; sie ist subjektiv, nach Maßgabe der Ärzte Oskars krankheitsbedingt und zudem eingeschränkt: Ein „Guckloch" (9) und ähnliche Löcher ermöglichen den Blick in und auf die Außenwelt. Tatsächlich aber wird Objektivität versucht, denn

---

40 Vgl. *Gespräch*. In: Neuhaus/Hermes, *Danziger Trilogie*, S. 15.

3.3 Aufbau

Oskar ist in einer eigenen Welt, die er beherrscht und organisiert. In ihr kann er sein Leben ordnen und in der Erinnerung objektivieren. Erinnerung ist gefragt, diese wiederum wird von einem „Insasse(n) einer Heil- und Pflegeanstalt" (9) organisiert, der sich einer Welt der Verfalls und des Verbrechens entziehen will und das nur in der Irrenanstalt kann. Grass hat sich in einem Rückblick dazu geäußert: Mit dem ersten Satz

> „fiel die Sperre, drängte Sprache, liefen Erinnerungsvermögen und Phantasie, spielerische Lust und Detailobsession an langer Leine, ergab sich Kapitel aus Kapitel, hüpfte ich, wo Löcher den Fluß der Erzählung hemmten, kam mir Geschichte mit lokalen Angeboten entgegen ..."[41].

Mit dem ersten Wort „Zugegeben" relativiert der erzählende Oskar den Wahrheitsgehalt, die Objektivität seiner Aussagen, denn es erscheint wie eine Antwort auf den Vorwurf, dass er wegen des Aufenthaltes nicht ernst zu nehmen sei. Er ist wenig glaubhaft und seine Erzählungen können Lügen sein. Lügen sind aber Dichtungen. Schon als Dreizehnjähriger tischte Grass seiner Mutter „gerne Lügengeschichten" auf, weshalb sie ihn Peer Gynt (nach Henrik Ibsens großem dramatischem Gedicht) nannte. Er hätte gern den Nachweis angetreten, ein erfolgreicher Peer Gynt zu sein, aber die Mutter starb 1954. Oskar Matzerath ist ein moderner Peer Gynt.

Geometrische Begriffe (Dreieck u. a.) als Strukturelemente

Die Drei und ...

Die Drei und das Dreieck spielen eine große Rolle im Roman: Der Roman gliedert sich in drei Bücher. Oskar Matzerath beschließt, zu seinem dritten Geburtstag mit dem körperlichen Wachsen aufzu-

---

41 Grass, *Zeuge*, S. 108.

3.3 Aufbau

hören; er versucht, ein Foto der drei für ihn wichtigsten Menschen – seine Mutter Agnes, sein Vater Alfred und sein wirklicher Vater Jan – mithilfe eines Zirkels in einer Dreieckskonstruktion auf einem Viereck zu entschlüsseln (64), er schlägt „drei dreieinige, alleinseligmachende Trommelschläge" und zersingt mit drei Schreien drei Klassenfenster (100). Greff liebt es, mit nackten Knaben „ein schreiend entfesseltes Dreigespann" zu bilden (385) und vieles andere mehr. Grass lässt seinen Roman „um die Zahl 3 für den Himmel, die 4 für die Erde und die 7 als die Zahl der Schöpfung" kreisen.[42] Es sind drei Bücher, von denen das dritte zwölf Kapitel hat. Die Zahlen 3 und 30 sind Grass vertraut; eine Gedichtsammlung hieß *Gleisdreieck* (1960). Sein Oskar Matzerath ist dreißig, als er sein Leben niederschreibt. Sein dreißigster Geburtstag ist in jeder Hinsicht ein besonderer und wird von Oskar auch so verstanden, denn „die Drei hat er in sich" (771). Die Drei hat einen mythischen Hintergrund, der christlich geprägt ist. Am Ende der *Blechtrommel* gibt sich der dreißigjährige Oskar als Jesus aus. Die Dreiecksbeziehung ist dominierend im Roman: In ihr bewegen sich Alfred und Jan um Agnes, Oskar und Alfred um Maria, Oskar und Bebra um Raguna.

Oskar kommt mittels „Lineal und Dreieck" (64), der daraus folgenden „Parallelverschiebung", der „gewaltsam herbeigeführten Deckungsgleichheit" usw. zu Erkenntnissen. Das Dreieck ist ein symbolischer geometrischer Begriff des Romans und wird immer wieder beschrieben, genannt und beschworen. Es bildet eine Vermittlung zwischen den Figuren, den Zeiten und dem Erzähler. Das Dreieck bei einer Frau gilt oft als Symbol für das weibliche Geschlechtsteil (506, 618) und ist ein Erkennungszeichen der Frauen, die Oskar sexuell erregen: Auf der Flucht nach Westen trifft Oskar auf die ebenso faszinierende wie abstoßende junge Regina Raeck,

... das Dreieck

---

42 Stolz, S. 130.

3.3 Aufbau

die Luzie ähnlich ist. Es sind Frauen „mit Strichaugen aus einem Dreieck heraus" (561). Luzie ist eine Variante von Tulla Pokriefke, der ungeborenen Schwester Oskars, ebenso sinnlich und sexuell ambitioniert; Oskar hielt sie in dem Roman *Die Rättin* sogar für identisch. – Bei Luzie Rennwand (501 ff., 506) sind Gesicht und Geschlechtsteil dreieckig; sie wird überhöht, weil das Dreieck als christliches Bild-Symbol für Gott steht, hier aber die Sexualität vergöttlicht wird. Oskar sollte in den Vorstellungen seines Schöpfers eine „boshafte" Schwester (Grass, Zeuge, S. 108) bekommen, aber Grass stieß „auf Empörung" Oskars, nachdem der sein literarisches Leben erlangt hatte. So wurde aus Oskars Schwester Tulla Pokriefke und eine Hauptgestalt in *Katz und Maus*, *Hundejahre* und *Im Krebsgang*. Tulla fasziniert die Männer. Sie ist, bringt man alle Details zusammen, eine Variation der Maria Magdalena und so eine Personifikation der Sinnlichkeit.

Das Viereck und die Sieben

Im Gegensatz zum Dreieck, das für Erotik und Leben steht, wird das Viereck für den Tod eingesetzt: „Ein quadratisches Viereck bildend schloss eine Mauer den Friedhof ein." (330) Das Viereck ist die statuarische Wiedergabe einer Situation, Oskar vergleicht Vierecke miteinander, ehe er zum Dreieck findet (65 f.). Nicht ganz so auffällig wie die Drei samt ihren Ableitungen ist die Bedeutung und Verwendung der Sieben, die jedoch auch eine bevorzugte Rolle spielt und die Zahl des Bösen ist.

3.3 Aufbau

**DIE VERTEILUNG DES ERZÄHLENS AUF VERSCHIEDENE FIGUREN
MIT EINIGEN AUSGEWÄHLTEN BEISPIELEN**

Günter Grass, Autor

Stellt biografische u. authentische Erfahrungen zur Verfügung: „... wie ja auch heute ..." (324)

Oskar bis zu seinem 21. Lebensjahr

Meldet sich selten zu Wort, geistig aber bei Geburt voll entwickelt: „... als ich zum ersten Mal meine Stimme ..." (307)

↓   **Beide stellen ihr Wissen Oskar zur Verfügung**   ↓

Oskar, dreißigjährig

„Insasse einer Heil- und Pflegeanstalt", Ich-Erzähler in einer Ich-Erzählsituation, Haupterzähler, objektiviert sich durch Namensnennung „Oskar", dadurch werden die Grenzen zum auktorialen Erzähler fließend. Beginn, Lesestunden mit Bruno (41 u.a.)

↑   **Vereinigung beider in einer allwissenden Erzählerfigur**   ↑

Auktorialer Erzähler

korrigiert Oskar, den Erzähler, verfügt über historische Bildung u. Welterfahrung.
Im 1. Buch, 1. Kap., Oskar ähnlich.
Beginn: „Ich beginne weit vor mir." (12)
„Auch Oskar strengte dieser Dreimännerskat an." (310)

Kommentator

korrigiert im Detail, weiß um größere Zusammenhänge, manchmal der Trommel zugeschrieben.
„Jedenfalls sagt meine Trommel ..." (23)
„Da hieß es ... (37)
„Wenn ich auch nicht zufrieden bin ..." (318)

3.4 Personenkonstellation und Charakteristiken

ZUSAMMEN-FASSUNG

→ Die Figurengruppen prägen die nationalen und sozialen Konturen des Romans. Es handelt sich um deutsch-kaschubisch-polnische Menschen, vorwiegend kleinbürgerlicher Herkunft, und um künstlerisch veranlagte Menschen ohne auffallende soziale Kontur.

→ Oskar Matzerath ist sowohl Hauptfigur als auch wichtigster Erzähler. Die von ihm durch die Konstruktionen von Gegensätzen verhinderte Objektivierung wird durch weitere Erzähler angestrebt.

→ Neben Oskar Matzerath fallen besonders die „Mütter" Anna, Agnes und Maria auf.

Figurengruppen machen nationale und soziale Konturen deutlich

Die zahlreichen Figuren können in diesem Rahmen nur grob gruppiert werden:

1. **Oskar und seine Familie** (z. B. Anna, Joseph, Gregor, Vinzent, Jan, Hedwig, Agnes, Alfred Matzerath, Oskar, Kurt, Maria, Marga, Stephan, Auguste Köster) stellen eine nationale und soziale Mischung dar.

2. **Die Einwohner des Labesweges und seiner Umgebung** (z. B. Axel Mischke, Nuchi Eyke, die Katers, die Woiwuths, Heimowskis und ihr Sohn Heinert (eingedeutscht), Leutnant Retzel, Schlagers, Schwerwinskis, Hänschen Kollin, Meyn, Fajngold, der Uhrmacher Laubschad, der alte Heilandt, die Truczinskis, Greffs, Schefflers) erweitern die erste Gruppe.

3.4   Personenkonstellation und Charakteristiken

3. **Oskars Freunde** (z. B. Roswitha, Bebra, Kitty, Felix, Sigis-
   mund Markus, Leo Schugger, Vittlar, Klepp, Scholle) sind
   künstlerisch veranlagte oder mindestens emotional geprägte
   Menschen, die sozial nicht genauer festzulegen sind.
4. **Nebengestalten** (z. B. Dückerhoff, Viktor Weluhn, Kobyella,
   Dr. Hollatz – Oskars Kinderarzt, Tante Kauer, die Lehrerin
   Spollenhauer, Korneff, Professor Kuchen, Professor Maruhn,
   Raskolnikoff, Herr und Frau Zeidler, Ferdinand Schmuh,
   Dr. Dösch, Stenzel) sind oft grotesk stilisiert.
5. **Krankenschwestern** (z. B. Schwester Lotte, Schwester Inge,
   Schwester Erni oder Berni, Schwester Gertrud, Schwester
   Beate, Schwester Dorothea) sind zahlreich im Roman (634 f.).
   Oskar liebt sie als Verkörperung von gefährlicher Erotik, auch
   seine Mutter hatte Alfred Matzerath als Krankenschwester
   kennengelernt. Der Pfleger Bruno Münsterberg wird zu Oskars
   Vertrauensperson.
6. **Die namenlosen Repräsentanten** (z. B. Feldgendarmen, Flißa-
   cken (Flößer), die Stäuber, Nonnen, die Grünhüte).
7. **Fantastische, auch märchenhafte Figuren** (z. B. die Schwarze
   Köchin, Satan, der liebe Gott, Jesus).
8. **Oskars Freundinnen außer schon Genannten** (z. B. Luzie
   Rennwand, Regina Raeck, Ulla, Helma und Hannelore)

Nur die Gruppe der Freunde wirkt relativ stabil und ist nicht an Familie oder Wohnort gebunden. Noch auffallender ist eine Ordnung
nach dem Verhältnis der Personen zur Zeitgeschichte:

1. Eindeutig sind lediglich die **Opfer** (z. B. Joseph, Jan, Markus,
   Fajngold, Weluhn), also die Kaschuben und Juden;
2. **Täter und Mitläufer** sind kaum zu unterscheiden (z. B. Oskar, Matzerath, Lankes, Herzog). Grass bezeichnet Oskar als

3.4   Personenkonstellation und Charakteristiken

OSKARS UNKLARER STAMMBAUM

Agnes Koljaiczek   Jan Bronski   Alfred Matzerath   Maria Truczinski
Mutter von Oskar   Mutter von Kurt

Oskar Matzerath   Kurt Matzerath
als Sohn von Jan oder Alfred   als Sohn von Oskar oder Alfred

als Halbbrüder Matzerath
als Vater und Sohn

Eindeutig in dem Stammbaum sind die Mütter, unbedeutend sind die Väter, besonders unbedeutend Alfred Matzerath. Oskar nimmt in allen Beziehungen eine Sonderstellung ein.

> „Mit-Handelnden": „Die Bestialität, die Infantilität und die Verbrechen, die aus dem Nicht-erwachsen-werden-Wollen entstehen – was eine ganze Periode betrifft –, all dessen ist er Ausdruck."[43]

Oskar Matzerath, Hauptfigur und Erzähler

spielt in dem umfangreichen Figurenensemble eine besondere Rolle: Er entzieht sich der Erwachsenenwelt und damit der gesellschaftlich bestimmten Sozialisation, indem er sein Wachstum mit drei Jahren beendet und dadurch den Schutz des Kindes in Anspruch nehmen kann. Andererseits erhöht das seine Gefährdung, als Kleinwüchsiger durch die Rassenpolitik der Nazis vernichtet zu werden, während er sonst durchaus mit rassenhygienischen Eigen-

---

43   Grass/Zimmermann, S. 47 f.

3.4 Personenkonstellation und Charakteristiken

schaften[44] – „mich, den Blauäugigen" (9), die blauen Augen findet er auch bei seinem vermeintlichen Vater Jan Bronski (die „selbstbewußten blauen Schwärmeraugen" (177) – kokettiert. In seiner Welt des Gnoms hat Vernunft keinen Platz, deshalb konnte Grass über ihn sagen: „Er ist eines der Ungeheuer, die entstehen, wenn die Vernunft schläft."[45]

Er organisiert das Ensemble als Hauptgestalt und mehrfach gebrochener Erzähler. Er ist stolz auf seine unsichere Identität und versucht, jede Objektivierung zu verhindern: Er nennt sich Oskar, mit dem Familiennamen „vorzugsweise Koljaiczek", trug „den Namen Matzerath nur aus Demut", selten „Oskar Bronski" (662).

Da er eine Einheit aus Gegensätzen ist, macht er gegensätzliches Erzählen zu seiner Berichtsmethode: Den gleichen Sachverhalt „glaube und bezweifle" (168) er. Ist er einmal ein alltäglicher Kleinbürger und erlebt diesen Zustand auch noch aus der Perspektive unter dem Tisch, also in profanster Weise, ist er andererseits der aufsteigende Messias, der sich als Jesus zu erkennen gibt, also auf sakraler Höhe, dann aber auch wieder einem Satan nahe. Aber weder im Profanen noch im Sakralen ist er daheim; seine gewünschte und erstrebte Heimat ist das weiß gestrichene, möglichst hoch vergitterte Anstaltsbett außerhalb der gesellschaftlichen Ordnung: Er ist der klassische Außenseiter.

Einheit aus Gegensätzen

Die Mütter (Anna, Agnes, Maria)

Während die Väter bedeutungslos sind, ihre Vaterschaft bleibt umstritten, tragen die drei Mütter in der Familie Namen aus dem Kalender der Heiligen. Die Großmutter Anna Bronski stellt die Urmutter

Anna, die Großmutter

---

44 Vgl. dazu Ludwig Ferdinand Clauß: *Rasse und Seele.* Eine Einführung in den Sinn der leiblichen Gestalt. Berlin 1935, S. 27 und 46. Die nordische Rasse zeige „helles Haar und helle Augen", bei der südländischen seien „Haar und Auge dunkel".
45 Grass/Zimmermann, S. 48.

3.4 Personenkonstellation und Charakteristiken

der Familie dar; geschwängert wurde sie von Joseph Koljaiczek, der aber bald durch den älteren Bruder Gregor Koljaiczek ersetzt wurde. Die Heilige Anna, der Engel die Geburt der Maria nach langer Kinderlosigkeit verkündeten, soll den Legenden nach dreimal verheiratet gewesen sein.

Agnes, Oskars Mutter

Grass' Anna gebar Agnes, die wiederum Oskar das Leben schenkte. Ob der Vater der Cousin Jan Bronski oder der Ehemann Alfred Matzerath war, bleibt unklar. Die Heilige Agnes erlitt den Märtyrertod durch Feuer und Schwert, weil sie sich einem Mann verweigerte. Sie erschien nach ihrem Tode mit einem weißen Lamm, das Christi Symbol war. Bei ihrer mystischen Hochzeit soll ihr das Jesuskind den Ring aufgesetzt haben; die Szene kehrt variiert wieder in der Anbetung des Ringfingers der Krankenschwester Dorothea.

Maria, Oskars Geliebte

Maria schließlich bekommt das Kind Kurt, dessen Vater Oskar oder Alfred sein können. Dabei handelt es sich bei der heiligen Bezugsperson weniger um die Heilige Maria als vielmehr um die im Roman mehrfach als Bild beschriebene Maria Magdalena, der Jesus sieben Teufel ausgetrieben haben soll. Während sich für Oskar noch einige kleinere Heilige finden, bricht mit Kurt die Parallelität zum Kalender der Heiligen ab.

Die drei Frauen mit den Namen von Heiligen leben in einer bösen, fast teuflischen Welt und müssen sich dort bewähren. Agnes misslingt das, wie auch in der Legende. Parallelen lassen sich zahlreiche finden; alles läuft darauf hinaus, dass in der Welt Heiliges in Gemeinschaft mit dem Bösen, dem Satan, existiert: Das ist das Menschliche; Oskar ist seine Verkörperung.

Chronologie der Familiengeschichte und Begegnungen Oskars

Die Figuren treten nach Oskars Erinnerungsplan auf. Manche Figuren sind Brechungen seiner Person. Um die Abfolge zu überschau-

3.4 Personenkonstellation und Charakteristiken

en, folgt eine Chronologie der Familiengeschichte und Begegnungen Oskars:

1896	Jan Bronski geboren, Sohn des Vinzent, Neffe der Anna Bronski, Vater des Stephan und der Marga, wahrscheinlich Vater Oskars.
1899	Oktober: Anna Bronski und Joseph Koljaiczek zeugen auf dem Kartoffelacker Oskars Mutter Agnes. Joseph heiratet Anna. Anna Bronski ist die Urmutter der Sippe. Mit ihr beginnt für die Familie das 20. Jahrhundert.
1900	Ende Juli: Agnes Bronski-Koljaiczek wird geboren.
1912	21. Oktober: fiktive Geburt Oskars als Oskarnello Raguna in Neapel.
1913	Großvater Joseph verschwindet. Anna Bronski heiratet 1914 Josephs Bruder Gregor, der 1917 an der Grippe stirbt.
1917	Jan zieht zu Anna und Agnes.
1918	Sommer: Agnes lernt Alfred Matzerath kennen.
1923	Jan Bronski und Hedwig Lemke, eine Kaschubin, heiraten. Agnes und Alfred heiraten.
1924	Anfang Juli: Jans und Hedwigs Sohn Stephan wird geboren. Anfang September: Oskar Matzerath wird geboren.
1927	September: Oskar Matzerath bekommt zum 3. Geburtstag eine Blechtrommel geschenkt und beschließt, mit dem Wachstum aufzuhören.
1929	Marga Bronski, Schwester Stephans und vermutlich Halbschwester Oskars, wird geboren.
1931	Oskar kommt Ostern in die Schule und bleibt dort einen Tag.
1932	Anlässlich seines 8. Geburtstages wird Oskar als Zarewitsch, aber auch als Goethe gekleidet; er zersingt die Foyerfenster des Stadttheaters.
1934	März: Oskar lernt den 53-jährigen Liliputaner Bebra kennen, Alfred Matzerath tritt in die NSDAP ein.

3.4   Personenkonstellation und Charakteristiken

1937	18. Januar: Oskar verleitet Jan Bronski zum Diebstahl.
	Karfreitag: Aalfang an der Ostsee; April: Tod von Oskars Mutter Agnes.
1938	Frühjahr: Oskar lernt Roswitha Raguna, eine Hellseherin, kennen.
	Herbert Truczinski und Oskar begehen drei Einbrüche.
	9./10. November: „Kristallnacht" – der jüdische Spielzeughändler Markus, der Oskar mit Blechtrommeln versorgte, nimmt sich das Leben.
1939	31. August: Oskar trifft mit Jan Bronski in der polnischen Post ein und nimmt am 1. September an ihrer Verteidigung teil. Tod Jan Bronskis.
	19. September: Anschluss Danzigs an das Großdeutsche Reich.
	Ende November: Oskar besucht den Todesort Jan Bronskis in Saspe.
1940	Matzerath nimmt Maria Truczinski als Hilfe für Geschäft und Haushalt.
	September: Mit Brausepulver beginnt die Liebe zwischen Oskar und Maria.
	Anfang Oktober: Oskar schwängert Maria. Zehn Tage später wird Maria auch die Geliebte Alfred Matzeraths.
	Mitte Dezember: Alfred Matzerath heiratet Maria.
1941	Februar und Mai: Oskar unternimmt bei Maria Abtreibungsversuche.
	12. Juni: Geburt von Oskars Sohn Kurt.
	Juli: Hedwig Bronski, die Witwe Jans, hat den Baltendeutschen und Ortsbauernführer Ehlers geheiratet, Marga und Stephan heißen nun Ehlers.
	5. August: Taufe Kurt Matzeraths.
1942	Oskar geht mit Bebras Fronttheater auf Tournee und ist am 12. 06. 1943 in Metz.

3.4 Personenkonstellation und Charakteristiken

1944	Das Fronttheater spielt am Atlantikwall; Oskar hat ein Liebesverhältnis zu Roswitha Raguna. Er begegnet Nonnen und der Novizin Agneta.
	6. Juni: Tod Roswithas bei Beginn der Invasion.
	11. Juni: Oskar kehrt nach Danzig-Langfuhr zurück.
	Ende August: Oskar macht die Mitglieder der Stäuber-Bande zu seinen Jüngern.
	Nacht vom 18./19. Dezember: Einbruch der Stäuber-Bande in die Herz-Jesus-Kirche und Verhaftung der Bande.
1945	28. März: Die Rote Armee trifft in Danzig-Langfuhr ein; Alfred Matzerath stirbt.
	Anfang April: Matzerath wird beerdigt, Oskar beschließt zu wachsen.
	12. Juni: Oskar verlässt mit Maria und Kurt Danzig/Gdańsk in Richtung Westen.
1945/1946	August–Mai: Aufenthalt Oskars in den Städtischen Krankenanstalten Düsseldorf. Anschließend Schwarzhandel und Bildungsversuche.
1947	Frühjahr: Oskar gibt seine Bildungsversuche und Theaterbesuche auf.
	Ende Mai: Steinmetzpraktikant bei Korneff.
	Spätsommer: Oskar verabredet sich mit der Krankenschwester Gertrud.
1947/1948	Im strengen Winter wird Oskar von der „schweigsamen seßhaften", viel trinkenden Hannelore gewärmt.
1948	21. Juni: Maria schlägt Oskars Heiratsantrag aus.
1949	Anfang Mai: Oskar zieht bei Zeidlers als Untermieter neben Dorothea ein.
	Mitte Juni: Oskar dringt in Dorotheas Zimmer ein; er erlöst den „Betthüter" (665) Klepp aus seinem faulenden Bett.

3.4 Personenkonstellation und Charakteristiken

	Frühherbst: Oskar begegnet erstmals Dorothea; ein Akt im Flur misslingt.
	November: Oskar, Klepp und Scholle werden von Schmuh als Band engagiert.
1950	Frühling: Oskar trommelt die Besucher des „Zwiebelkellers" in ihre Kindheit zurück zu einem Kindergartenumzug und lässt sie in die Hosen pissen (705).
	August: Oskar und der Maler Lankes reisen an den Atlantikwall.
	Oskar schließt Vertrag mit Agentur, trifft Bebra wieder. 1. und 2. Tournee.
1951	Karneval: 3. Tournee Oskars. Verträge mit der Plattenindustrie.
	Sommer: weitere Tourneen, Tod Bebras.
	7. Juli: Der von Oskar ausgeliehene Hund Lux findet einen weiblichen Ringfinger. Es ist der Dorotheas. Oskar lernt Gottfried von Vittlar kennen, der Oskar einvernehmlich anzeigt, um der gemeinsamen Langeweile zu entgehen.
1952	September: Oskar flieht nach der Anzeige Vittlars nach Paris.
	Bei der Verhaftung bezeichnet sich Oskar als Jesus. Prozess.
1954	Anfang September: Oskar wird dreißig Jahre alt. Sein Prozess wird neu aufgerollt, da er unschuldig ist. Die von Oskar nicht erwünschte Entlassung aus der Heil- und Pflegeanstalt stellt ihn vor eine neue Lebensplanung.

3.5 Sachliche und sprachliche Erläuterungen[46]

Unklare Wörter oder verbreitete geschichtliche Begriffe kann der Leser in der Regel im Duden oder in Lexika finden. In Anbetracht der außerordentlichen Fülle an Bezügen oder Anspielungen werden wesentliche hervorgehoben.

Titel	Blechtrommel	Trommeln werden allgemein mit Kalbsfell bespannt, zumeist Kindertrommeln verwenden billigeres Blech.
S. 5	Anna Grass	Anna geb. Schwarz war Grass' erste Ehefrau.
S. 9	vorgelogen	Erzählen und Lügen sind für Schriftsteller meist identisch; so versteht auch Oskar sein Erzählen. In einem Interview variierte Grass das Wort „Lügen wie gedruckt": „Am liebsten lüge ich gedruckt".[47]
S. 11	Oskar	Vor der Taufe gab es Schwierigkeiten wegen des heidnischen Namens, aber die Familie bestand darauf (174). Oskar bedeutet „Götter-Ger" oder „durch die Gottheit, mit dem Speer". Dieser Name ist durch den Verweis auf die germanischen Götter nicht nur von christlichen Heiligennamen entfernt, sondern bekommt durch „Speer" in diesem Fall auch eine erotische Variante, macht doch Oskars „Speer" seinem Namen Ehre. – Oskar enthält auch das von ihm so geliebte **O**, das auch in P**o**len und „N**o**ch ist P**o**len nicht verl**o**ren" enthalten ist. (Vgl. auch 760.)

---

46 Für die Erläuterungen stand das unveröffentlichte „Protokoll des Übersetzertreffens in Gdańsk 10.–19. 06. 2005", © Hilke Ohsoling und Helmut Frielinghaus, zur Verfügung, wofür dem Steidl Verlag und Günter Grass gedankt wird.
47 Vgl. „Am liebsten lüge ich gedruckt". Interview mit Günter Grass. In: Der Spiegel, Nr. 14 (1979), S. 220.

3.5 Sachliche und sprachliche Erläuterungen

S. 12	Kartoffelacker	Auf ihm spielt eine berühmte Szene des Romans. Die folgenden Orte werden relativ genau beschrieben, um den Charakter des Platzes zu kennzeichnen. Der Kartoffelacker gehört heute zum Danziger Flughafen Rebiechowo.
S. 13	Kaschubei	Landschaft in Westpreußen (Nordostpommern und Pomerellen) Heute: Kaszuby, sie umfasste die Kreise Putzig, Neustadt, Danziger Höhe, Karthaus, teilweise Berent, Konitz und Schlochau, in denen es eine eigene Sprache (die kaschubische Sprache = westslawische Sprache), eine hoch entwickelte Volkskunst und eigene Sitten gab. In ihr leben Kaschuben (poln.: Kaszuba = Pelzrock), zur Zeit der Romanhandlung etwa 170 000. Es ist eine Moränenlandschaft mit Wäldern und malerischen Seen; sie erstreckt sich bis zur Ostseeküste. Die K. spielt in Werken Grass' eine große Rolle.
	Bissau, Ramkau, Viereck, Brentau	nach Kriegsende (546): Bysewo, Rebiechowo, Firoga, Bretowo, Orte in der Nähe Danzigs, die mit der Herkunft der Großmutter Oskar Matzeraths zu tun haben. Sie stammte aus Bissau, das aus einigen wenigen Häusern und einer Ziegelei bestand (13). Die Großmutter fuhr später mit der Kleinbahn von Viereck nach Danzig-Langfuhr auf den Wochenmarkt. An die Kleinbahn erinnern heute Bahndamm und Teile der Brücke. Bissau ist unter dem Danziger Flugplatz verschwunden. In Brentau ist der Rest eines deutschen Friedhofs zu sehen, auf dem Oskars Mutter, ihr Stiefvater Gregor Koljaiczek und Pfarrer Wiehnke, seit 1906 der Pfarrer Wiehnke der Herz-Jesu-Kirche, 1944 beerdigt wurden. Er hatte Oskar 1924 getauft, Oskars Mutter beichtete sonnabends bei ihm (173).
	Dirschau	Heute: Tczew, 26 km südöstlich von Danzig, am linken Ufer der Weichsel in fruchtbarer Landschaft gelegen.

3.5   Sachliche und sprachliche Erläuterungen

	Karthaus	Heute: Kartusy, 34 km westlich von Danzig, in schöner Lage an zwei Seen, Hauptort der Region.
S. 18	**Feldgendar-merie**	Einheit aus Gendarmen und Kavalleristen, die auf Etappenstraßen als Feldpolizei wirken, Plünderungen verhindern und Zivilpersonen überwachen, Telegrafen und Eisenbahnen schützen und Anordnungen Geltung verschaffen sollen. Die F. hatte weitgehende Befugnisse. Ihre Uniformen waren am Blechkragen mit Adler-Brustschild kenntlich (deshalb später: Kettenhunde).
S. 23	**Ohm Krüger**	Paulus Kruger (1825–1904), genannt Ohm Krüger, Präsident von Transvaal. 1900 versuchte er erfolglos, in Europa für die gegen England kämpfenden Buren Hilfe zu bekommen.
S. 24	**Schlacht-flotten-bauprogramm**	Am 12. Juni 1900 wurde das 2. Flottengesetz verabschiedet, das die Verdopplung der Kriegsflotte vorsah.
	das erste Haus u. a.	Planeten und Wandelsterne beschreiben scheinbar eine Bahn innerhalb der Tierkreiszeichen, nach alter astrologischer Lehre haben sie dort auch ihre „Häuser", ein Tag- und ein Nachthaus, und entfalten ihre größte Kraft. Der Erzähler erweist sich als ein Kenner astrologischer Begriffe, Deutungen und Mythen, der auch ironisch mit seinem Wissen umgehen kann. So überträgt Oskar seine Kenntnisse und sein Wissen über die Familiengeschichte rückblickend auf die Sternzeichen und ordnet Saturn höchst irdische Vorlieben, die zu Zwiebeln und Runkelrüben (24), zu. Es wird manches der späteren Handlung bis hin zur berühmt-berüchtigten Aalszene und den Gefühlsausbrüchen im *Zwiebelkeller* angedeutet. Grass hat, wie auch Gedichte zeigen, eine besondere Neigung zu Saturn. Die Textstelle über den Saturn, „einen sauren mürben Planeten", aus *Blechtrommel* erscheint

3.5   Sachliche und sprachliche Erläuterungen

		fast wörtlich in frühen Gedichten[48] und in *Aus dem Tagebuch einer Schnecke* im Kapitel „Vom Stillstand und Fortschritt" wieder, wird dort aber auf „Bauernkalender" zurückgeführt. Der Saturn herrschte über Melancholie und Utopie. Horoskope werden mehrfach in den Roman eingebaut.
S. 25	**Tschenstochau**	Stadt an der Warthe, gilt als religiöses Zentrum Polens wegen des Paulinerklosters auf dem Jasna Góra (Heller Berg). Die so genannte Schwarze Madonna (Matka Boska Czestochowska) im Hauptaltar der Kapelle der Muttergottes ist das Nationalheiligtum und das am meisten verehrte Bild Marias mit dem Jesuskind in Polen.
	Königin Polens	Nachdem das Kloster Tschenstochau 1655 den Schweden sechs Wochen standhielt und nicht erobert werden konnte, wurde die Schwarze Madonna von König Jan Kazimierz zur Regina Poloniae (Königin Polens) erklärt, eine der Wurzeln für den großen Einfluss des Katholizismus in Polen bis auf den heutigen Tag.
S. 26	**weißrot**	Variiert in *weißgekälkt* und *rotflammend* spielt es auf die Nationalfarben Polens an.
	Lied von der Bogurodzica	Ältester poetischer Text Polens (13. Jh.), ein Ritterlied von der Muttergottes.
S. 27	**Leibhusaren des Kronprinzen unter Mackensen**	In Danzig-Langfuhr lagen die Kasernen der 1. bis 4. Eskadron des 1. Leibhusarenregiments, der Totenkopfhusaren (wegen des silbernen Totenkopfs auf der schwarzen Pelzmütze). Später kam das 2. Leibhusarenregiment hinzu. General der Kavallerie August von Mackensen (1849–1945), 1899 geadelt, 1914 Oberbefehlshaber der Armee in Polen, seit 1915 Generalfeldmarschall und Befehlshaber gegen Serbien, Militärgouverneur

---

48   Vgl. dazu: Günter Grass: *Askese* und Günter Grass: *Schreiben nach Auschwitz.* In: Günter Grass: *Zeuge,* S. 202 f.

3.5 Sachliche und sprachliche Erläuterungen

		von Rumänien, war 1869 Husar in Langfuhr, 1901 Brigade-Kommandeur der Husaren, die er auch als kommandierender General befehligte. Man nannte ihn „Vater der Leibhusaren" und den „letzten Husaren" Deutschlands. Mackensen wurde in Propagandaveranstaltungen von den Faschisten für ihre Politik instrumentalisiert.
S. 28	Kodderpuppen	Schlechte, aber auch: freche Puppen (vgl. Kodderschnauze = freches Mundwerk).
	„Columbus" bei Schichau	Die Schichau-Werft und Maschinenbauanstalt hatte Standorte in Elbing (Ostpreußens zweitgrößte Stadt), Danzig und Königsberg. Auf der Schichau-Werft in Elbing lief der 32 000 BRT große Schnelldampfer des Norddeutschen Lloyds „Columbus", ein Ozeanriese, 1913 vom Stapel.
S. 29	Flißacken	Nach „flisak" (polnisch) für Flößer.
S. 30	Küraß	von franz. cuir – Leder, Brustpanzer, zuerst aus Leder.
S. 31	Poggenkniefe	Nach „poke" und „knife" (englisch) für stoßen und Messer.
S. 33	Danzig	Die Stadt steht am Ende einer Reise, die von Warschau über Modlin usw. reicht; sie wird nun genannt, nachdem sie mehrfach umschrieben wurde und der Erzähler mit ihrem Namen gespielt hat (Provinzhauptstadt an der Mottlau, 23 u. a.).
S. 36	Heil dir im Siegerkranz	Der Verfasser des Liedes war Heinrich Harries (1762–1802). In seiner ursprünglichen Gestalt erschien das Lied 1790, gedacht für dänische Untertanen und zu singen nach der englischen Hymne „God save the king". B. G. Schumacher arbeitete es zum „Berliner Volksgesang" um; so wurde es zur preußischen Hymne und erstmals gesungen bei der Rückkehr Friedrich Wilhelms II. aus dem ersten Koalitionskrieg gegen Frankreich.
	Gösch	Kleine rechteckige Nationalflagge.

3.5   Sachliche und sprachliche Erläuterungen

S. 40	**Weyer**	Bruno Weyer war 1900 bis 1944 Herausgeber des „Taschenbuchs der deutschen Kriegsflotte", eines Flottenkalenders.
S. 43	**sprunghaften Rhythmus ... vom August des Jahres vierzehn**	Am 1. August 1914 erklärte Deutschland Russland, am 3. August Frankreich den Krieg. Am 4. August trat Großbritannien in den Krieg gegen Deutschland ein. Es folgten zahlreiche weitere Staaten.
S. 44	**Machandel**	Norddt. für Wacholder.
S. 47	**Freier Staat Danzig**	Vgl. S. 22 ff. der vorliegenden Erläuterung.
S. 48	**Briefmarken des Freistaates**	Während 1920 zuerst deutsche Briefmarken mit dem Bild der Germania mit „Danzig" überdruckt wurden, kamen nach dem 15. 11. 1920 erste Marken mit „Freie Stadt Danzig " zum Verkauf; sie zeigten eine Kogge mit geschwellten Segeln, 1921 erschien eine Serie mit Doppelkreuz und Krone, von denen der 1-Mark-Wert einen goldnen Rand und ein rotes Innenfeld hatte. Das doppelte Kreuz geht auf das Deutschordenskreuz zurück, die Krone wurde 1457 von König Kasimir mit anderen Privilegien verliehen. Die von Oskar beschriebenen polnischen Briefmarken zeigten Szenen der polnischen Geschichte und wirkten, besonders die Werte 10-Groschen (grün) und 15-Groschen (violett), sehr heroisch.
	Option für Polen	1918 wird wieder ein unabhängiges Polen gegründet; die Bewohner der ehemaligen deutschen Gebiete können sich für die deutsche oder die polnische Staatsbürgerschaft entscheiden.
	Marszalek Pilsudski	Der polnische Staatschef schlägt im polnisch-sowjetischen Krieg 1920 die Rote Armee an der Weichsel; der Sieg wird als „Wunder an der Weichsel" bezeichnet. – **Józef Klemens Pilsudski** (1867–1935) ist eine zentrale Figur bei der Wiedererrichtung des polnischen Staates. Er gehörte

3.5 Sachliche und sprachliche Erläuterungen

		zu den Begründern der Polnischen Sozialistischen Partei. Mit der „Polnischen Legion", deren Ziel die Unabhängigkeit Polens war, kämpfte er im Ersten Weltkrieg auf der Seite der Mittelmächte (Österreichs), geriet allerdings mit diesen in Konflikt und wurde inhaftiert. Nach dem Krieg gegen die noch nicht konsolidierte Sowjetunion verlegte er im Frieden von Riga 1921 die Grenzen Polens weit nach dem Osten. 1926 ersetzte er das demokratische Regierungssystem durch eine autoritäre Militärdiktatur. Trotz dieses Putsches war Polen in der Zwischenkriegszeit von 1918 bis 1939 nach 123 Jahren Fremdherrschaft souverän und unabhängig; das verschaffte Pilsudski bei vielen Polen unermessliches Prestige.
	General Sikorski	Wladyslaw Sikorski (1881–1943), polnischer Politiker und General, 1923 Ministerpräsident, auch 1939–43 in der polnischen Exilregierung in London, abgestürzt über Gibraltar (Rolf Hochhuths Tragödie *Soldaten* (1967) geht von der Verantwortung Churchills für den Tod Sikorskis aus).
S. 49	**Rentenmark**	Im Oktober 1923 wurde die Inflation mit der Einführung der Rentenmark beendet; ihr folgte im August 1924 die Reichsmark. In Danzig war seit dem 18. 12. 1923 der Danziger Gulden die Währung.
S. 50	**Labesweg**	Die Angabe ist wie alle anderen Orts- und Straßennamen (*Hertastraße* (51), *Magdeburger Straße*, *Heeresanger* (64), *Max-Halbe-Platz*, *Neuschottland*, *Anton-Möller-Weg*, *Marienstraße*, *Kleinhammerpark* (75) authentisch; er befand sich in Danzig-Langfuhr. In das *Conradinum* (172) ging Grass zur Schule. Im Labesweg (heute: Ulica Lelewela 13) wohnte Günter Grass. Eine Übersicht über die Einwohner des Hauses gibt Oskar, als er sich für das Fronttheater verabschiedet: ein Mietshaus mit „neunzehn Mietsparteien" (424).

3.5 Sachliche und sprachliche Erläuterungen

S. 52	**im Fruchtwasser spiegelnd**	Oskar sieht sich als eine von Geburt an narzisstische Persönlichkeit, die sich an ihrer Schönheit freut und niemanden liebt.
S. 54	**Die Sonne stand im Zeichen der Jungfrau**	Es wird die Eröffnung von Goethes *Aus meinem Leben. Dichtung und Wahrheit* (1811–33) parodiert und damit auch ein Anspruch, mindestens ironisch, postuliert. Die Parallelen gehen bis zum wörtlichen Zitat. Beide Beschreibungen beginnen „Die Sonne stand im Zeichen der Jungfrau." Goethe beschrieb ihre Stellung zwischen Jupiter und Venus, Merkur, Saturn und Mars. Grass setzte dagegen Merkur, Uranus, Venus und Mars, Neptun, Jupiter und Saturn. Satirisch wird das Horoskop, als es auf das Sternzeichen Waage verweist, in dem Grass geboren wurde und das zu „Übertreibungen" (54) verführe. (Vgl. S. 71 der vorliegenden Erläuterung: **das erste Haus.**)
S. 61	**zweites Kaiserreich**	Als das erste Kaiserreich galt das Heilige Römische Reich deutscher Nation von 962 bis 1806, das zweite Kaiserreich war das der Hohenzollern von 1871 bis 1918.
S. 63	**Vertrag zu Rapallo**	1922 wurde das deutsch-sowjetische Abkommen über diplomatische und wirtschaftliche Beziehungen abgeschlossen. Beide Mächte verzichteten auf Erstattung der Kriegskosten.
S. 67	**KdF-Schiff „Wilhelm Gustloff"**	„Kraft durch Freude" (1933) war eine Organisation für Freizeitbeschäftigungen der *Deutschen Arbeitsfront*. Im Januar 1945 wurde das KdF-Schiff „Wilhelm Gustloff" mit angeblich 10 000 Flüchtlingen besetzt torpediert und versenkt, es ertranken mehr als 5 000 Menschen. Schefflers gehen im Januar 1945 mit einem KdF-Schiff, vermutlich der „Wilhelm Gustloff", unter (508). Der Untergang des Schiffes gehört zur Handlung der Novelle *Im Krebsgang* (2002), die in der Zeit von 1936 bis 1999 spielt.[49]

49   Vgl. Rüdiger Bernhardt: *Günter Grass. Im Krebsgang*. Hollfeld [2]2014.

3.5 Sachliche und sprachliche Erläuterungen

S. 67	**„Tannenberg"**	Die moderne weiße Flotte des „Seedienst Ost-preußen" galt als die schwimmende Brücke zum Reich. Über sie wurden auch Kohle, Baustoffe, Düngemittel usw. transportiert. Der Seedienst verfügte über die Schiffe „Preußen", „Hansestadt Danzig", „Kaiser" und „Tannenberg".
S. 70	**Rasputin**	Grigorij Jefimowitsch Rasputin (1869–1916; das Geburtsjahr schwankt zwischen 1864 und 1871), russischer Wundermönch und Frauenheld, der seit 1905 großen Einfluss am russischen Zarenhof erhielt, 1907 mit suggestiven Mitteln die Wunden des Zarewitschs Alexej, der Bluter war, schloss, deshalb als Wundertäter galt, von anderen für den leibhaftigen Satan gehalten wurde. Seine Haupt-these war, dass man durch möglichst große Sünden die göttliche Erlösung erreicht. Er wurde von russi-schen Adligen ermordet. Acht Wochen nach seinem Tod brach die Revolution los. – In der *Blechtrommel* ist er ein Bildungserlebnis Oskars (s. S. 110 der vorliegenden Erläuterung). Eine schwere Erkran-kung als Kind führte zu scheinbar übernatürlichen Fähigkeiten, die René Fülöp-Miller in seinem Buch *Der heilige Teufel. Rasputin und die Frauen* (1927), das ist Oskars Lesebuch, beschreibt.
	Wille zu einer Macht	Anspielung auf den Titel eines umstrittenen Werkes Friedrich Nietzsches. Seine Schwester stellte es aus vorhandenen Aphorismen zusammen. Trotz der fehlenden Konzeption ist dieses Werk folgenreich geworden; es hatte besonders auf die deutschen Faschisten eine magische Anziehungskraft. Wie weit Oskar sich mit Nietzsches Ideen einlässt, wird in der Gegenüberstellung „seiner Götter" *Dionysos und Apollo* (423) als Entsprechung zu Rasputin und Goethe deutlich. Oskar erscheint als Synthese von Dionysos und Apollo: „ein kleiner, das Chaos harmonisierender, die Vernunft in Rauschzustände versetzender Halbgott" (423).

3.5 Sachliche und sprachliche Erläuterungen

S. 71	**da beschloss ich, auf keinen Fall Politiker**	Variation des oft zitierten Satzes aus Hitlers *Mein Kampf* am Schluss des 7. Kapitels, in dem er seine Gegner als „Lügner und Verbrecher" beschimpft und offenherzig schließt: „Mit dem Juden gibt es kein Paktieren, sondern nur das harte Entweder-Oder. Ich aber beschloss, Politiker zu werden."
	Däumling	Vom D. fühlt sich Oskar wegen der Ähnlichkeit berührt und versteht ihn und sich als Gegensatz zur Welt der Erwachsenen. Ist deren Wirklichkeit der Kolonialwarenladen, so ist die seine die Märchenwelt. Zum Däumling der Gebrüder Grimm, über den Oskar mehrfach nachdenkt (136), kommen wenig später *Frau Holle* (76) und der *Rattenfänger* (76).
S. 75	**Glas zu zersingen**	Die Frage, ob die menschliche Stimme Glas zum Zerspringen bringen könnte, wurde mehrfach diskutiert und verneint. Der Sänger Jaime Vendera, der angeblich einen Stimmumfang von sechs Oktaven hat, lieferte vor einiger Zeit einen nachprüfbaren Beweis und brachte 2005 mit seiner Stimme ein Glas zum Schwingen, bis es zersprang. Die Voraussetzung war, dass die Eigenfrequenz des Glases bestimmt und es genau mit dieser Frequenz besungen wurde.[50]
S. 82	**Pfadfinderlied, Rübezahl**	Von 1923 stammt das Pfadfinderlied *Hohe Tannen weisen die Sterne an der Iser wildspringender Flut*, in dem Rübezahl, der Berggeist des Riesengebirges, um Hilfe für die Sudetendeutschen gebeten wird. Die Verbindung Rübezahls mit Freiheitsvorstellungen geht auf Ferdinand Freiligrath zurück.

---

50 Vgl. Christoph Drösser: *Und es bricht doch*. In: DIE ZEIT, Rubrik: Stimmt's?, Nr. 37, 07. September 2006, S. 45.

3.5   Sachliche und sprachliche Erläuterungen

S. 86	**Rorschach-versuche**	Der Schweizer Psychiater Hermann Rorschach (1884–1922) führte 1921 mit Patienten Tests durch, bei denen sie teils schwarz-weiße, teils farbige Klecksbilder „erklären" sollten. Die Assoziationen dienten als Zugang zum Unterbewusstsein und sollten zwanghaftes Denken von normalem Denken differenzieren.
S. 86 f.	**archaische Frühzeit Blüte- und Verfallszeit der Kunst**	Diese Abfolge von Kunstperioden geht auf Johann Joachim Winckelmann (1717–1768), den Begründer der Kunstgeschichte der Antike, und die klassische Literatur in Deutschland zurück. Sie beschrieben die antike Kunst als Beispiel für Entwicklung und Niedergang einer großen Menschheitsperiode. Winckelmann sah jede nationale Kunst nach Frühzeit und Wachstum eine Phase der Blüte (Reife) und des Verfalls (Nachahmer, Manierismus) durchlaufen. Die drei Bücher des Romans können als eine satirische Variation dieser Abfolge gelesen werden.
S. 87	**L'art pour l'art**	franz.: Kunst um der Kunst willen. Die im 19. Jahrhundert geprägte Formel steht im Widerspruch zu den zuvor (86 f.) verwendeten kunstgeschichtlichen Begriffen. Gingen diese von der Beziehung zwischen Kunst und Gesellschaft aus, so erkennt die Formel nur den Sinn der Kunst selbst an, lehnt also Bedeutung oder Nutzen für die Gesellschaft ab.
S. 95	**Boy-Scout-Erfinder Baden-Powell**	1907 gründete Lord Baden-Powell die Boy Scouts (Pfadfinder) in England als internationale parteiunabhängige Jugendbewegung. 1909 wurde die deutsche Pfadfinderbewegung gegründet und 1936 in die HJ übernommen (381).

3.5 Sachliche und sprachliche Erläuterungen

S. 103	**Sütterlin-schrift**	Die nach Ludwig Sütterlin (1865–1917) benannte und von ihm reformierte Schreibschrift wurde 1915 an preußischen Schulen eingeführt und war von 1935 bis 1941 einheitlich gelehrte Schrift. In der „Kristallnacht" wurde „quer übers Schaufenster in Sütterlinschrift das Wort Judensau geschrieben" (260), Sütterlinschrift steht bei Grass für Unmenschlichkeit: Oskar verwendet sie in dem Einakter bei der Besichtigung des Atlantikwalls 1944. Sie wurde 1941 abgeschafft, da die sogenannte gotische Schrift keine deutsche gewesen sei, und durch Antiqua, die „lateinische" Schrift, ersetzt.
S. 109	**Käthe-Kruse-Puppen**	Von der Puppenkünstlerin Käthe Kruse (1883–1968) hergestellte natürlich wirkende Puppen mit echtem Haar, die sehr beliebt waren, hergestellt in ihrer eigenen Puppenfabrik in Bad Kösen.
S. 111	**Paul Beneke**	Danziger Seeräuber, Stadtkapitän und Freibeuter um 1470, ähnlich Störtebecker; seine Geschichte wird später im Zusammenhang mit dem Schifffahrtsmuseum erzählt (239 ff.). Er wurde im gleichen Stockturm ersäuft, von dem aus Oskar die Fenster des Stadttheaters zersang.
S. 118/ 119	**zu den Müttern, Gretchen**	Vgl. S. 107 der vorliegenden Erläuterung.
S. 125	**Mampe, Halb und Halb**	Kräuterliköre, die im Gegensatz zu den französischen Likören wegen ihres kräftigen Geschmacks früher weniger als Tafelgetränke sondern als Heilmittel verwendet wurden. Dazu gehörten auch Boonekamp und Aromatique.
S. 127	**Zeughaus, Stadttheater, Stockturm**	Sehenswürdigkeiten der Danziger Rechtstadt (Glówne Miasto). Der Stockturm gehörte zur mittelalterlichen Stadtbefestigung, in seinem Hof wurde der Seeräuber Paul Beneke ersäuft.

3.5   Sachliche und sprachliche Erläuterungen

S. 135	**Land der Polen suchen ... mit seiner Seele**	Anspielung auf Iphigenies berühmten Satz „das Land der Griechen mit der Seele suchend" (Vers 12) in Goethes *Iphigenie auf Tauris*.
	erste bis zur vierten Teilung	1772 verlor Polen 30 % seines Territoriums an Preußen, Österreich und Russland, 1793 verlor Polen nochmals große Gebiete an Preußen und Russland, 1795 wurde es als Staat bis 1918 ausgelöscht. Unter der vierten Teilung wird das geheime Zusatz-Abkommen zum Hitler-Stalin-Pakt von 1939 verstanden. Die geplante fünfte Teilung ist in Oskars Augen die von den Vertriebenen erhobene Forderung nach Rückgabe der Ostgebiete in den Grenzen von 1937.
S. 138	**Wagner**	Richard Wagner (1813–1883), bedeutender deutscher Komponist, schrieb u. a. die Oper *Der fliegende Holländer* (1843), die Oskar mit seiner Familie in der Waldoper Zoppot (Sopot) – Polens elegantestem und traditionsreichstem Seebad – hört (141). In den Zwanzigerjahren war es der Treffpunkt der vornehmen Gesellschaft.
S. 143	**Prinz Eugen**	Prinz von Savoyen (1663–1736), österreichischer Feldherr und Staatsmann. Ludwig XIV. von Frankreich verwehrte dem missgebildeten und hässlichen Prinzen eine militärische Laufbahn, die dieser daraufhin in österreichischen Diensten bis zum höchsten Ruhm durchlief. Unter den zahlreichen Sagen und Legenden , die ihn umranken, finden sich auch solche, die Eugen als illegitimen Sohn des Königs sehen. 1707 machte Peter der Große von Russland Eugen das Angebot, König von Polen zu werden, was Prinz Eugen ausschlug.
S. 145	**Zellenleiter**	Die Zelle war die zweitniedrigste Organisationsform der „Partei", wie die NSDAP kurz hieß. Sie umfasste vier bis acht Blocks, ein Block hatte 40 bis 60 Haushalte mit 160 bis 240 Personen. Über dem Zellenleiter stand der Ortsgruppenleiter.

3.5 Sachliche und sprachliche Erläuterungen

S. 147	**Forster**	Oskar nennt die nationalsozialistische Führung von Danzig. Arthur Greiser (1897– hingerichtet 1946) war 1930 kurzzeitig Gauleiter, nach 1939 Gauleiter im Gau Wartheland. Wilhelm Löbsack war Gauschulungsleiter und Biograf des Nachfolgers von Greiser Albert Forster (1902–1952, in Warschau hingerichtet): Preußischer Staatsrat und seit 1930 Gauleiter von Danzig. Er ließ sich verfassungswidrig 1939 zum Staatsoberhaupt der Freien Stadt Danzig wählen, um das Deutsche Reich um Hilfe bitten zu können. 1946 wurde er von der britischen Besatzungsmacht an Polen ausgeliefert.
S. 149	**Röhmputsch**	Hitler ließ Röhm sowie hohe Führer der SA am 30. Juni 1934 ermorden (sogenannter Röhm-Putsch). Danach spielte die SA keine politische Rolle mehr.
S. 153	**Rauschning**	Hermann Rauschning (1887–1982) war vom Juni 1933 bis zum 23. November 1934 Senatspräsident von Danzig. Am 28. 05. 1933 hatte die NSDAP mit 50,03 % die absolute Mehrheit im Senat erhalten und bestimmte mit R. einen relativ gemäßigten Nazi, der später ein Gegner der Faschisten wurde und ins Exil ging, zum Senatspräsidenten. R. bemühte sich um ein vernünftiges Verhältnis zu den Polen und schloss auch ein Abkommen über die gleichberechtigte Behandlung ab. 1934 wurde R. abgelöst und durch Greiser ersetzt; 1935 erhielt die NSDAP trotz größter Manipulation nur 57,3 % und damit nicht die Zweidrittelmehrheit. Im August 1935 trommelt Oskar gegen nationalsozialistische Fanfarenzüge.
S. 155	**Jonas**	Jonas bekam vom alttestamentarischen Gott Jahwe den Auftrag, Ninive zur Buße zu bewegen, weil die Stadt sonst ihrer Strafe für ihre Sünden nicht entgehen würde. Jonas wollte sich diesem Auftrag entziehen, wird aber dabei von einem Wal ver-

3.5   Sachliche und sprachliche Erläuterungen

		schluckt und nach drei Tagen wieder ans Land gespuckt. Eine zweite Aufforderung Jahwes befolgte Jonas; Ninive tat Buße.
S. 158	**Eintopfsonntag**	Er gehörte zu den Sammelaktionen des Winterhilfswerkes und brachte 1935/36 31 Millionen Reichsmark. Die Bevölkerung wurde aufgerufen, an bestimmten Sonntagen nur einfache Eintopfgerichte zu essen und das gesparte Geld zu spenden.
S. 159	**Mandel**	altes Zählmaß – 15 (kleine Mandel), 16 (große Mandel)
	Pomuchel	nordostdt.: Dorsch, übertragen: ein dümmlicher Mensch
S. 168	**Parzival, Hubertus u. a.**	Drei Tropfen im Schnee, gefallen in einem Dreieck, erinnerten Parzival an seine Frau Condwiramurs (Wolfram von Eschenbach, *Parzival*, um 1200–10), die Geschichte wird nochmals berichtet (623); Hubertus, der Jagd huldigend, wurde bußfertig, als ihm am Feiertag ein Hirsch mit einem goldenen Kreuz erschien; aus Saulus, der die Christen hasste, wurde durch Christi Erscheinen auf dem Wege nach Damaskus Paulus; Attila wurde durch Papst Leo I. abgehalten, weiter in Italien vorzudringen, und zum Frieden veranlasst.
S. 178	**Jesse Owens, Rudolf Harbig, Olympiade**	Bei der Olympiade 1936 in Berlin hatte Jesse Owens (1915–80) zum Entsetzen der Nazis vier Goldmedaillen gewonnen, Harbig (1913–44), nach dem ein Stadion in Dresden bis 2010 benannt war, die Goldmedaille über 800 m.
	Andreaskreuz	gekreuzte gleichlange Balken (**X**). Oskar treibt ein Wortspiel und entwickelt ein Wortfeld mit „Kreuz", in dem Gegensätze aufgelistet werden wie „Rotes Kreuz" (Hilfsorganisation), Gelbkreuz (Giftgas im Ersten Weltkrieg) usw.

3.5   Sachliche und sprachliche Erläuterungen

S. 194	**Seeschlacht am Skagerrak**	größte und verlustreichste Seeschlacht zwischen der deutschen und der britischen Flotte 1916, insgesamt 58 Großkampfschiffe; Oskars Mützenband SMS „Seydlitz" (190), das er auch im Fronttheater trägt (451), stammt von einem solchen Schiff. Die Geschichte der Schlacht beherrscht Oskar detailliert, das gehört zu seinem „weltumfassenden Halbwissen" (217).
S. 200	**die Köchin kommt, schwarz**	Dem Weiß der Schwesterntracht wird von Oskar die „schwarze Köchin" gegenübergestellt, die für Oskar zu personifiziertem Schrecken und Verkörperung von Angst und Schuld wird. Sie stammt aus dem ausgrenzenden Kinder- und Spiellied „Ist die schwarze Köchin da?", bei dem die Köchin um einen Kreis mit Kindern geht und beim fünften Mal ein Kind mitnimmt. Das geschieht so lange, bis nur noch ein Kind im Kreis bleibt, das dadurch von den anderen ausgegrenzt wird, aber die nächste „Köchin aus Amerika" ist. Das Lied wurde im ausgehenden 19. Jahrhundert aufgezeichnet; verbürgt sind Dresden und Kassel.
S. 202	**Jägerchor**	Chor aus der Oper *Der Freischütz* (1821) von Carl Maria von Weber, Libretto vom Dresdner Hofrat Johann Friedrich Kind (1768–1843). Die Oper gilt als Höhepunkt der deutschen romantischen Oper.
	Farbdruck-magdalena	Die Hl. Maria Magdalena (Magdalena nach der Stadt Magdala) wurde aus verschiedenen Legenden entwickelt. Dazu gehörte auch die Sünderin, die mit ihren Haaren die Füße Christi trocknete. Sie wird oft bildlich als Büßerin in der Wüste dargestellt. Ein Farbdruck der langhaarig-blonden Maria Magdalena im blauen Umhang, liegend in der Wüste mit einem aufgeschlagenen Buch und Salbkrug, wurde zum Inbegriff kleinbürgerlichen Kunstbedürfnisses und charakterisiert Oskars Familie. Gleichzeitig bricht es die Begegnung zwischen Jesus und Maria ironisch im Blick auf

3.5 Sachliche und sprachliche Erläuterungen

		Oskar (Christi Wiederkehr) und Maria, seiner Geliebten und Stiefmutter. Der Farbdruck ging zurück auf ein Bild Pompeo Bat(t)onis (1708–1787), das in der Gemäldegalerie Dresden hing.
S. 222	**Winterhilfswerk**	Von den Nationalsozialisten alljährlich, erstmals 1933/34 angeordnete Sammel- und Spendenaktion, um ausgewählte Hilfsbedürftige zu unterstützen. Der Winter 1938/39 erbrachte 566 Millionen Reichsmark.
S. 227	**Schlageter**	Leo Schlageter (1894–1923) war seit 1922 Mitglied der NSDAP. Während der Ruhrkämpfe 1922 sprengte er Schienenstränge in die Luft, wurde von einem französischen Kriegsgericht zum Tode verurteilt und standrechtlich erschossen (Golzheimer Heide bei Düsseldorf). Er wurde für die Nationalsozialisten eine Märtyrergestalt.
	im spanischen Birjerkriech	Der Spanische Bürgerkrieg (1936–39) begann mit einem von Franco ausgelösten Putsch, der sich auf die faschistische Falange, Monarchisten und den konservativen Klerus stützte, führte zu einem Krieg gegen die demokratisch gewählte republikanische Regierung der Volksfront. Francos Truppen wurden militärisch und mit Waffen von Deutschland, Italien und Portugal unterstützt, die Volksfront von internationalen Freiwilligenbrigaden.
S. 231	**Chamberlain, Regenschirm**	Arthur Neville Chamberlain (1869–1940) war von 1937 bis 1940 Premierminister Großbritanniens; Karikaturen zeichneten ihn mit dem Regenschirm, den er nach englischer Sitte stets bei sich trug.
S. 239	**Galionsfigur**	Die Geschichte der florentinischen Galionsfigur ähnelt Gerhart Hauptmanns „unwahrscheinlicher Geschichte" *Das Meerwunder* (1934); in beiden Geschichten wirken Galionsfiguren wie lebendige Gestalten und vernichten Menschen in ihrer Umgebung. Auch der Barockdichter Martin Opitz von Boberfeld (1597–1639) soll nach Grass an der

3.5 Sachliche und sprachliche Erläuterungen

		Galionsfigur gestorben sein (241). Opitz gehört zu den von Grass öfter zitierten Dichtern; er nahm ihn in das Figurenensemble des Romans *Der Butt* (1977) und in die Erzählung *Das Treffen in Telgte* (1979) auf.
S. 247	**englischer Admiral**	Lord Horatio Nelson (1758–1805) und seine Schlachten bei Abukir (1798 schlug er die französische Flotte), Kopenhagen (1801 zerstörte er die dänische Flotte) und Trafalgar (Sieg über die spanisch-französische Flotte 1805, fand dabei den Tod).
S. 253	**Glaube, Liebe Hoffnung**	Den Abschluss des 1. Buches bildet das Kapitel mit dem Motto aus dem 1. Korintherbrief (13. Kapitel, 13). Oskar spielt mit den drei Worten (261), bis er aus dem Motto das Gegenteil gemacht hat, aus dem Weihnachtsmann den Gasmann, nicht mehr „nach Nüssen ... und nach Mandeln" (261) riecht es, sondern nach Gas, nicht Erlösung ist angesagt, sondern Vernichtung, denn das „Gas steht nicht fürs Mittagessen, sondern für die Gaskammern. Der Glaube hat sich als Aberglaube erwiesen, die Hoffnung als Selbstverblendung und die Liebe als Narzissmus. Der Widerruf der Worte des Korintherbriefs bezeichnet die ultimative Katastrophe."[51] Das Kapitel ist eines der eindringlichsten des Romans, beschreibt es doch die Herkunft von Verbrechen und Brutalität aus der Normalität des Alltags.
S. 256	**NS-Volkswohlfahrt**	1933 gegründete Organisation der NSDAP, die nicht der Fürsorge einzelner Menschen diente, sondern eine „rassisch wertvolle und erbgesunde" Gemeinschaft anstrebte, mit der man sich in der Welt durchsetzen wollte. Auch betrieb man „rassehygienische und erbbiologische Aufklärung", die die Vernichtung „lebensunwerten" Lebens vorbereitete (s. S. 91 f. der vorliegenden Erläuterung). Die NSV war wie die Partei gegliedert.

---

51 Per Øhrgaard: *Grass. Ein deutscher Schriftsteller wird besichtigt.* München 2007, S. 25.

3.5 Sachliche und sprachliche Erläuterungen

S. 258	**„Kristallnacht"**	Name für den in der Nacht vom 9. zum 10. November 1938 von der SA und der NSDAP verübten Judenpogrom. Mehr als 20 000 Juden wurden verhaftet und in Konzentrationslager (KZ) verschleppt, fast alle jüdischen Synagogen wurden angezündet, jüdische Geschäfte, und Wohnungen zerstört. Die Polizei durfte auf Befehl Hitlers nicht eingreifen. Damit begann die Massenvernichtung der Juden durch die Nazis.
S. 259	**Heimwehr, Waffen-SS**	Im Sommer 1939 gegründete paramilitärische Organisation in Danzig, die bei den erwarteten Kämpfen zur Verfügung stehen sollte. Die Waffen-SS war seit 1940 der Teil der SS, der vom Staat und nicht von der Partei bezahlt wurde. Zu ihr gehörten militärische Verbände, die im Rahmen des Heeres eingesetzt wurden, SS-Junkerschulen, Totenkopfstandarten und Verwaltung und Bewachung der KZs.
S. 280	**1. September 1939**	Mit dem Beschuss der Westernplatte in Danzig (auf der sich ein polnisches Munitionslager befand) durch das deutsche Linienschiff „Schleswig-Holstein" begann am 01. 09. 1939, 4.45 Uhr, der Zweite Weltkrieg.
S. 303	**Pique Sieben**	Pik ist eine der vier Farben im französischen Kartenspiel. Sie bedeutet Verbitterung, auch Tod. Bezeichnet wird sie durch einen schwarzen Spaten (Deutsch auch „Schüppe" genannt). Sie entspricht Grün im deutschen Spiel. Es ist eine beim Wahrsagen unerwünschte Karte, da sie Dummheit und Nutzlosigkeit bedeuten soll („Er guckt wie Pik Sieben."). Jan baut während der Verteidigung der polnischen Post (314) ein Kartenhaus, dessen Basis aus Pik Sieben und Kreuz Dame gebildet wird. Leo Schugger steckt die Pik Sieben an Jans Todesort (332). Sie steht für ein gescheitertes Leben.

3.5 Sachliche und sprachliche Erläuterungen

S. 304	**Rydz-Śmigly**	Edward Rydz-Śmigly (1886–1941), polnischer Marschall, zuerst Mitarbeiter, nach 1936 Nachfolger Pilsudskis und Oberbefehlshaber der polnischen Armee.
S. 306	**Maginotlinie**	Die als uneinnehmbar geltende französische Verteidigungslinie, die nach dem Ersten Weltkrieg an Frankreichs Ostgrenze errichtet wurde.
S. 324	**berühmten achtzehn Tagen**	Der polnische Oberkommandierende Rydz-Śmigly floh mit der polnischen Regierung am 17. September 1939 nach Rumänien. Die Kämpfe in Polen endeten erst am 6. Oktober 1939.
	Don Quijote, Pan Kiehot	Vgl. S. 106 f. der vorliegenden Erläuterung.
S. 339	**derb gesunden Ohren, deren Läppchen leider nicht frei hingen**	Nach den Studien des italienischen Arztes Cesare Lombroso (1836–1909), der vor der Jahrhundertwende Einfluss auf den europäischen Naturalismus hatte, sind solche Anomalien sehr oft mit Neigungen zu Verbrechen verbunden. Lombroso vertrat die These vom „geborenen Verbrecher". (Vgl. *Neue Verbrecher-Studien*, Halle: Carl Marholf Verlagsbuchhandlung 1907, S. 108 f.)
S. 341	**BDM-Heimabende**	„Bund Deutscher Mädel in der HJ", Organisation für die 14- bis 18-jährigen Mädchen, Teilnahme seit 1939 gesetzlich vorgeschriebene Pflicht, zu der die wöchentlichen Heimabende gehörten.
S. 367	**Stalins Tod**	Generalissimus Josef Wissarionowitsch Stalin (eigentlich: Dschugaschwili) starb am 5. März 1953; er war Generalsekretär der KPdSU und der Vorsitzende des Rates der Volkskommissare in der Sowjetunion. Die Angabe ist als Zeitangabe und für Klepps Weltanschauung wichtig.
	Armstrongs Trompete	Louis Armstrong (1900–1971), schwarzer Sänger und Trompeter, gilt als „King of Jazz". Er entwickelte das ursprüngliche Teamspiel des New-Orleans-Jazz zum Solospiel und dem sogenannten „hot chorus".

3.5 Sachliche und sprachliche Erläuterungen

S. 369	**Blitzmädchen**	Bezeichnung für Nachrichtenhelferinnen (Telegrafistinnen, Telefonistinnen in Heer, Marine, vor allem aber bei der Luftwaffe) wegen des Blitz-Symbols auf dem Uniformärmel. Viele dienten allerdings in Zivil. Der Begriff wurde auch für leichtlebige Freundinnen vor allem der Offiziere verwendet.
S. 374	**Tapiau**	Heute: Gwardejsk im Gebiet Kaliningrad (Russland); hatte um die Jahrhundertwende eine „Provinzial-, Besserungs- und Landarmenanstalt", aus der später eine „Irrenanstalt" wurde. Heute befindet sich in der Stadt ein Gefängnis.
S. 381	**NSKK, Luftschutzwart**	Nationalsozialistisches Kraftfahrkorps, 1934 entstanden aus einer Sondereinheit der SA, diente der Vorbereitung auf militärische Aufgaben. – Der Luftschutzwart war der Leiter der kleinsten zivilen Selbstschutzeinheit, der Luftschutzgemeinschaft. Er war für das vorschriftsmäßige Verdunkeln, Brandwachen u. a. verantwortlich.
	Fähnleinführer, Stammführer, Reichsjugendführer	Ränge in den Jugendorganisationen des Nationalsozialismus. Ein Fähnlein bestand aus 160 Jungen zwischen 10 und 14 Jahren, ein Stamm aus bis zu 800 Jungen, Reichsjugendführer bis 1940 war Baldur von Schirach (1907–74, in Nürnberg zu 20 Jahren Haft verurteilt).
S. 389	**Kreta**	Kreta wurde Ende Mai 1941 von deutschen Luftlandetruppen besetzt.
S. 392	**Volksdeutsche**	Amtliche Bezeichnung im Nationalsozialismus für Deutsche, die keine deutschen Staatsbürger waren und außerhalb der Grenzen des Deutschen Reiches von 1937 lebten. Sie wurden nach der Qualität des „Deutschtums" in verschiedene Gruppen eingeteilt, die in das Reich oder in neue „deutsche Siedlungsgebiete" (Erlass vom 07. 10. 1939) geführt werden sollten.

3.5   Sachliche und sprachliche Erläuterungen

S. 403	**„Innere Emigration"**	Oskar hatte schon einmal den Begriff erwähnt (157), nun wird er durch die Anführungsstriche polemisch betont. Der Begriff ist grundsätzlich umstritten; er wird verwendet für oder von Künstler(n), die nach 1933 nicht Deutschland verließen, sondern ihren Protest mit den ihnen verbliebenen literarischen Möglichkeiten gegen den Nationalsozialismus in Deutschland vortrugen. – Bebra sieht sich in der inneren Emigration und beruft sich auf eine Weltgeschichte der Narren, beginnend im Mittelalter über die Habsburger bis zum „rheinischen Emporkömmling Joseph Goebbels" (402). – Grass hält „innere Emigration" für ein „Nützlichkeitsverständnis", „zu zeitlosen Gefühlen in barbarischer Zeit" zu gelangen.[52]
S. 417	**Warte nur, balde ...**	Oskar parodiert Goethes bekanntestes Gedicht *Wandrers Nachtlied* (1780) mit den Schlussversen *Warte nur, balde,/Ruhest du auch.*
	Barackenlager der OT	OT = Organisation Todt, nach ihrem Leiter Fritz Todt benannte Bauorganisation, die 1938 eingerichtet wurde und militärische Anlagen errichtete.
S. 417 f.	**Narses, Totila u. a.**	Die Erzählung bezieht sich auf Dahns *Kampf um Rom* (1876), Oskar hat den Roman in Gretchen Schefflers Bibliothek gefunden (111), später tragen Mitglieder der Stäuber-Bande Namen aus dem Roman als Spitznamen (478). – Oskar macht eine Liste der verwachsenen Helden auf, die über Narses (Eunuch, missgestaltet, persarmenischer byzantinischer Feldherr, 552 besiegte er die Ostgoten unter Totila bei Taginä, kurz danach Teja, den letzten Ostgotenkönig, am Vesuv), Prinz Eugen als Vorfahren Bebras (s. S. 81 der vorliegenden Erläuterung) zu Bebra und ihm selbst führt.

---

52   Grass, *Zeuge*, S. 129.

3.5 Sachliche und sprachliche Erläuterungen

S. 434	**Atlantikwall**	Von der deutschen Wehrmacht seit 1942 angelegte Befestigungsanlagen am Atlantik von Holland bis Südfrankreich, die aber 1944 kaum Wirkung zeigten und überrannt wurden.
S. 436	**Dora sieben**	Das Fronttheater besichtigt Bunker des Atlantikwalls. Während die Liliputaner akrobatische Übungen vorführen und sich Oskar und Roswitha „ineinander verliebt" zeigen (439), findet ein Kunstgespräch zwischen Bebra und dem Kunstmaler Lankes statt. Eine vergleichbare Szene gibt es in Alexandre Dumas' *Die drei Musketiere*: Wie das Fronttheater (Oskar, Bebra, Felix, Kitty und Raguna) auf dem Betondach des Bunkers bei Trouville, so frühstücken die Musketiere (Athos, Aramis, Porthos, d'Artagnan und der Diener Grimaud) in der umkämpften Bastion Saint-Gervais bei La Rochelle. Grass verwendet häufig Szenen der Unterhaltungsliteratur als Material.
S. 437	**junge Hunde**	mittelalterlicher Brauch, junge Hunde als „Bauopfer" einzumauern.
S. 443	**Rommelspargel**	Gegen die erwartete Invasion wurden Pfähle in den Sand gerammt und mit Draht verbunden, die den Feind aufhalten sollten. Das Kommando hatte Generalfeldmarschall Erwin Rommel.
S. 450	**Vorabend der Invasion**	5. Juni 1944; Landung der Alliierten in der Normandie und Errichtung einer zweiten Front am 6. Juni 1944.
S. 454	**Odysseus, Circe, Penelope, Telemachos**	Hinweis auf Gestalten aus dem Trojanischen Krieg und die Irrfahrten des Odysseus. Vgl. S. 105 f. der vorliegenden Erläuterung.
S. 455, 475 f.	**Beamter vom Gesundheitsministerium s. a. in die Hände jener Ärzte**	Oskar soll Opfer des sogenannten Euthanasiebefehls werden. Das von Hitler 1939 erlassene Ermächtigungsschreiben bot die Grundlage, um von den Faschisten als „lebensunwert" eingestufte Menschen zu töten. Pflege- und Heilanstalten hatten Patienten zu melden, die an Krankheiten

3.5   Sachliche und sprachliche Erläuterungen

		wie Epilepsie, senile Erkrankungen u. a. litten. Ärztliche Gutachter entschieden auf Grund der Meldung über Leben und Tod dieser Menschen. Anfang 1940 begann die Ermordung in großem Umfang. Nach Protesten der Kirchen (z. B. des Bischofs von Münster Clemens August Graf von Galen während einer Predigt) wurde 1941 die Tötungsaktion offiziell eingestellt; dennoch wurden bis 1945 noch Tausende von Menschen getötet.
S. 463	**Gefrierfleisch-orden, Panzerknacker-läppchen**	Jargonausdrücke für die Medaille für den russischen Winterfeldzug 1941/42 und Litze für den Abschuss von Panzern, die auf die Uniform genäht wurde.
S. 466	**Präfation**	Dankgebet bei Eucharistiefeier oder Abendmahlsgottesdienst.
S. 467	**Adalbert von Prag**	(956–997) Bischof von Prag seit 983, auf einer Missionsfahrt von den heidnischen Pruzzen erschlagen.
S. 470	**Du bist Oskar, der Fels**	Variation des Spruchs, durch den Petrus von Jesus den Namen erhielt: „Du bist Petrus und auf diesen Felsen will ich bauen" (Matthäus 16,18).
S. 474	**Lebensmittel-marken**	1937 wurden bereits die Lebensmittelkarten gedruckt, aber erst am 27. August 1939 ausgegeben. Sie galten für die wichtigsten Lebensmittel und Verbrauchsgüter. Sonderzulagen gab es für Kinder, Schwer-, Schwerst- und Nachtarbeiter, seit 1944 für werdende und stillende Mütter.
S. 494	**Dame mit Einhorn**	Einerseits wurde das Einhorn zu einem Begleitsymbol der Jungfrau Maria, da es nur von einer keuschen Jungfrau gefangen werden konnte, andererseits war es verbreitet bei den französischen Symbolisten und Surrealisten um die Jahrhundertwende. Das Einhorn erschien als Begleiter schöner Frauen. Bilder von Gustave Moreau und Armand

3.5   Sachliche und sprachliche Erläuterungen

		Point sind dieser Szene und Oskars Beschreibung ähnlich. – Als Ulla und Oskar Modell für das Bild „Die Dame und das Einhorn" stehen, findet der Maler Raskolnikoff „zum Surrealismus" (619).
S. 520	**Rugier usw.**	Oskar bietet in dem Exkurs eine Kurzgeschichte Danzigs. Die Rugier gehören zur gotischen Gruppe der Ostgermanen; der Name der Insel Rügen geht auf sie zurück. Bereits im 2. Jahrhundert zogen sie wie die Goten nach Süden. Ihnen gegenüber standen die Pruzzen, den Litauern verwandt, die von den Polen bedrängt wurden. Kaschuben finden sich im alten Herzogstitel: Barnim I. und Boguslaw nannten sich 1267 und 1291 Herzöge der Kaschuben und Wenden. Dieser pommersche Titel ging später in den kurfürstlich brandenburgi-schen ein und wurde noch im großen und kleinen preußischen Königstitel geführt.
S. 523	**Rokossowski**	Konstantin Konstantinowitsch Rokossowski (1896–1968), sowjetischer Marschall polnischer Herkunft, Heerführer im Zweiten Weltkrieg (z. B. in Stalingrad), Oberbefehlshaber der Armee-gruppe Nord, bot Gerhart Hauptmann Schutz im polnisch gewordenen Agnetendorf. 1949–1956 polnischer Verteidigungsminister, 1956–62 stellv. sowjetischer Verteidigungsminister.
S. 524	**Treblinka**	1942 von der SS errichtetes Vernichtungslager in Ostpolen, ausschließlich für die Tötung von Menschen und für die „Endlösung" der Judenfrage bestimmt. Im November 1943 wurde das Lager abgerissen.
S. 543	**ZOB**	Zydowska Organizacja Bojowa (Jüdische Organi-sation des Kampfes), führte 1943 den Aufstand im Warschauer Getto.
S. 544	**Trawnikileute**	Ukrainische Hilfstruppen der Faschisten.

3.5   Sachliche und sprachliche Erläuterungen

S. 570	**British Center**	1934 gegründete und dem British Council zugeordnete Einrichtungen zur Pflege und Verbreitung der englischen Sprache und Kultur im Ausland.
S. 571	**Draußen vor der Tür**	Berühmtes Hörspiel und Schauspiel von Wolfgang Borchert (1921–47) über den Soldaten und Heimkehrer Beckmann, der seine Verantwortung am Krieg zurückgeben will und feststellen muss, dass seine ehemaligen Vorgesetzten längst wieder mitbestimmen. Beckmann trug eine sogenannte Gasmaskenbrille: Augengläser mit Gummibändern (*kaputte Brille*).
S. 572	**Pastor Niemöller**	(1892–1982), evangelischer Pfarrer, Gegner des Nationalsozialismus, Gründer des Pfarrernotbundes, Leitungsmitglied der Bekennenden Kirche, 1937 bis 1945 im KZ. 1947–64 Kirchenpräsident in Hessen-Nassau. – Bezieht sich auf Oskars Mitteilung, er habe mit „Katholiken und Protestanten die Kollektivschuld" diskutiert (570). Niemöller war am „Stuttgarter Schuldbekenntnis" des Rates der Evangelischen Kirche beteiligt.
S. 574	**Muschelkalkkissen, Diabasplatten, Hohlkehlen usw.**	Begriffe aus der Arbeit des Steinmetzen, die später genauer beschrieben wird (577, 581): Muschelkalkkissen = eine Ersatzmarmorplatte, Diabas = Ergussgestein, Hohlkehle = rinnenförmige Vertiefung
S. 581	**Akanthusblätter usw.**	Tief geschlitzte Blätter des Bärenklaugewächses Akanthus, in der griechischen Ornamentik verwendet und bis in den Barock dominierend.
	PX und INRI	Das griechische und lateinische Zeichen für Christus (**I**esus **N**azarenus **R**ex **I**udaeorum). PX gilt als Christusmonogramm, nach den beiden ersten griechischen Buchstaben des Namens (XP).
	Fasen, Doppelfasen	abgeschrägte Kanten, von fasen = abkanten

3.5 Sachliche und sprachliche Erläuterungen

S. 594	**Schieber**	Aus den USA stammender marschartiger Mode-tanz „Onestep" der Zwanzigerjahre (Einschritt), der in Deutschland volkstümlich „Schieber" ge-nannt wurde. Oskar hatte die Tänze seiner Eltern genannt und beschrieben („und dennoch stürzen sie nicht (49), unter denen sich auch der Sch. befand. Eine Variante des Tanzes wurde „Jimmy" (595 f.) genannt und hatte eine eigene Schuhmode.
S. 600	**Kardinal Frings**	Der Kölner Erzbischof (1887–1978) hatte in seiner Silvesterpredigt 1946 den Menschen zugestanden, sich das zu nehmen, was sie zur Erhaltung des Lebens unbedingt benötigten.
S. 606	**Professor Kuchen**	Vorbild: Otto Pankok. Dessen Schüler waren „da-mals eine Ansammlung begabter und verrückter, schräger und bunter Vögel".[53] Der spätexpressio-nistische Zeichner gestaltete beeindruckend das Leiden der Sinti und Roma sowie des jüdischen Volkes.[54]
S. 609	**Professor Maruhn**	Nach dem Vorbild Joseph (Sepp) Mages, bei dem Grass Bildhauerei studierte. Der an Maillol orien-tierte Mages leitete die Bildhauerklasse von 1938 bis 1961.
S. 618	**Raskolnikoff**	Im Roman ein Maler an der Kunstakademie, den man so nannte, „weil er ständig von Schuld und Sühne sprach" (619). *Schuld und Sühne* (1866) ist der Titel eines für die deutsche Literatur be-deutsamen Romans von Fjodor M. Dostojewski. Der Roman hieß in der Übersetzung nach seiner Hauptgestalt auch *Raskolnikow* oder trug beide Titel.

---

53 Vgl. zu Grass' Beziehung zu Pankok seinen Brief vom 27. Oktober 1981. In: Grass, *Zeuge*, S. 131 f.
54 Vgl. dazu Neuhaus, *Schreiben*, S. 47 f.

3.5 Sachliche und sprachliche Erläuterungen

S. 688	**Karbidlampen**	Karbid (Calziumkarbid CaC_2) besteht aus grauen Brocken, die in einem Glasbehälter an der Luft durch Wasseraufnahme zerfallen und das farblose, eigentümlich riechende Äthin freisetzen (Azetylen), das leuchtend verbrennt.
S. 721	**Religionskrieg**	Oskar bekennt sich zu historischen Repräsentanten des Katholizismus, nachdem er zum wiederholten Male „merkwürdigerweise" (666) in sich den Katholizismus spürt: Maria Stuart (1542–1587) (666), Eamon De Valera (1882–1975, irischer Unabhängigkeitskämpfer, führend im Dubliner Aufstand 1916, 1926 Gründer der Partei Fianna Fáil, wiederholt Premierminister, 1959–73 Präsident Irlands), Don Juan d'Austria (1547–78, spanischer Feldherr). – Armada: Die legendäre Flotte des katholischen Spaniens wurde von den Engländern 1588 geschlagen; damit endete die spanische Vormacht auf See. Für die gegnerische Seite werden Trafalgar und Nelson genannt.
S. 751	**Ringfinger**	Oskars Anbetung des in Spiritus aufbewahrten Ringfingers ist die Ritualisierung eines Sex- und Phallussymbols. Oskar hatte seinen Penis als elften Finger oder als dritten Trommelstock bezeichnet (363, 404) und mit ihm eine ähnlich spektakuläre Zeugung vollbracht wie seine Großmutter auf dem Kartoffelacker. Wenn er den Ringfinger Dorotheas aufbewahrt, ist das die Erinnerung an sein Versagen bei ihr auf sexuellem Gebiet und an neu entstandene Schuld.
S. 755	**Straßenbahndepots**	Die Straßenbahn ist ein besonders aufgeladenes Symbol bei Grass (*Katz und Maus*); sie weist auf eine Zwangsläufigkeit hin, die der Mensch nur bedingt beeinflussen kann. Ihre Richtung ist als eine Form des Schicksals zu verstehen.

3.5   Sachliche und sprachliche Erläuterungen

S. 771	**Dante**	Dante wandert mit Vergil in der *Göttlichen Komödie* als Dreißigjähriger durch Hölle, Fegefeuer und Paradies. Dante begegnet den schlimmsten Sündern in den untersten, den siebten bis neunten Kreisen. Im 34. Gesang wird der Aufstieg aus der Hölle beschrieben. Von dorther kehrt nun Oskar-Dante zurück.
S. 776	**Was soll ich noch sagen**	Als Oskar nach Dante und Goethe den Messias als Variante für eine andere Identität wählt, entwirft er eine Kurzbiografie, die vom Glaubensbekenntnis („Ich glaube an Jesum Christum, seinen eingeborenen Sohn, unsern Herrn …")[55] abgeleitet wird. Zuvor hatte ihm Vittlar zum 30. Geburtstag mit dem Hinweis auf Jesus gratuliert, der mit 30 Jahren Jünger um sich gesammelt habe (764). Vgl. Lukas 3, 23.

---

55   Vgl. *Der kleine Katechismus Dr. Martin Luthers mit der Haustafel.* Das zweite Hauptstück. Der zweite Artikel. Potsdam: Stiftungsverlag, 1929, S. 33.

3.6 Stil und Sprache

ZUSAMMEN-FASSUNG

→ Sprache, Dialekt, Erzähler und Autor: Die Sprache des Romans ist vorrangig die Sprache Oskar Matzeraths; andere Beiträge bzw. Dialoge werden durch ihn vermittelt.

→ Sprache ist Nachweis des Lebens.

→ Eine Besonderheit der Sprache sind Sprichwörter und stehende Wendungen, die soziale Ursachen enthüllen oder den Figuren einen volkstümlichen Sprachduktus verleihen.

→ Farben spielen eine besondere Rolle, beginnend vom in Weiß gehaltenen Krankenzimmer der Eröffnung bis zur das Ende bestimmenden „Schwarzen Köchin".

→ Besonderen sprachlichen Kontrast erreicht Grass durch die Konfrontation von Dostojewski, Rasputin und Goethe.

→ Die sinnliche, lustvolle Sprache des Romans hat ein Vorbild in der Barockliteratur.

→ Das Erzählen in Gegensätzen.

Erzählersprache und Autorsprache

Sprache und Stil werden vorrangig von Oskar Matzerath bestimmt. Nur selten wird der Dialekt in eingeschobenen wörtlichen Redepassagen insbesondere der Danziger Personen verwendet. Gesprochen wird dann Danziger Platt bzw. Danziger Missingsch; Grass spricht von einer „Mischsprache"[56], die nachempfunden, aber stilisiert sei und dort vorkomme, wo Polen deutsch sprächen, da sie keinen Artikel einsetzen (z. B. 24 f.).

---

56 Protokoll des Übersetzertreffens, S. 3.

3.6   Stil und Sprache

Grass verstand und versteht sein Schreiben als Sühne für natio-
nale und individuelle Schuld und möchte mit dem Erzählen deutsche
Schande und Scham abarbeiten. Schreiben wurde in der *Danziger
Trilogie* zum entscheidenden Versuch der eingesetzten Erzähler,
Schuld abzuarbeiten: Oskar in der *Blechtrommel* schrieb, Pilenz in
Katz und Maus ebenso, in den *Hundejahren* sind es drei Erzählende und Schreibende. Schließlich erhielt auch der Erzähler in der
Novelle *Im Krebsgang* einen Schreibauftrag von einem „Jemand,
der keine Ausreden mag" (*Im Krebsgang*, 7). Allen Werken liegt
das Glaubensbekenntnis von Günter Grass zu Grunde, dass man
lebt, solange man erzählt und solange man erzählt, kann Schuld
abgetragen werden.

(Randnotiz:) Schreiben als Sühne für Schuld

Die Sprache der *Blechtrommel* hat bei vielen Kritikern, aber vor
allem bei Gegnern die Behauptung ausgelöst, es handele sich um
eine krude Prosa, um Manieristisches usw., um einen Schriftsteller
schließlich, der „mit seinen Bestsellern Literatur nicht schafft, sondern niedertrampelt"[57]. Nun wäre eine solche abstruse Meinung
keiner Erwähnung wert, wenn sie nicht deutlich machte, dass diese Meinungsmacher den Unterschied zwischen der Sprache des
Erzählers und dem Autor weder gesehen noch begriffen haben. In
dem Roman *Die Blechtrommel* wird die Sprache des Oskar Matzerath
gesprochen: Die ist so krude, so störend und manchmal zerstöre-
risch wie es dieser Gnom selbst auch ist. Auf großartige Weise
macht Grass darauf aufmerksam, dass es auch anderes sprachli-
ches Vermögen als das Oskars gibt: die militant geprägte Sprache
des Einakters (436 ff.), das sachliche Protokoll Bruno Münsterbergs
(553 ff.) und die peinlich detaillierte Anzeige Gottfried von Vittlars
(745 ff.).

---

57 Gerhard Henschel: *Aus dem Tagebuch eines Gockels*. In: Klaus Bittermann (Hg.): *Literatur als Qual
und Gequalle. Über den Kulturbetriebsintriganten Günter Grass*. Berlin 2007, S. 42 f.

3.6 Stil und Sprache

Erzählersprache ist nicht die Autorsprache

Bei Oskar Matzerath fallen die Partizipialkonstruktionen und die Superlative besonders auf – mit „Zugegeben" wird der Roman damit sogar eröffnet –, die Grass später störten, die er aber, da sie zu Oskar gehören, in Übersetzungen erhalten sehen wollte.[58] Will Oskar bei Gretchen Scheffler Unterricht erzwingen, versucht er sie mit **hilflosem Lallen** zu überzeugen: Aus Goethe wird „Döte", aus Rasputin „Raschu" (113 ff.). Als Schauspieler pflegt er eine gemessene, durchaus literarische Sprache, als Erzähler geht er auf seinen Leser mit einer semantisch variablen, ironisch gefärbten Sprache ein. Er kann sich problemlos zwischen stilistisch gehobener und umgangssprachlich oder dialektal gefärbter Sprache bewegen.

Sprichwörter, Farben

Sprichwörter, Redewendungen, Zitate

Eine Besonderheit des Stils sind Sprichwörter und stehende Redewendungen („Still war es wie am ersten Tag ...", 18; „Es war einmal ...", 261 ff.). Sie geben Figuren ein Umfeld (mythisch, märchenhaft), eine volkstümliche Sprache oder enthüllen soziale Ursachen: Während einer Umbettung denkt Oskar „Bete und arbeite – Industrie und Religion Hand in Hand." (599). Zu den Sprichwörtern, die von Grass oft verändert werden, gesellen sich auch literarische Zitate, die zu Sprichwörtern geronnen sind. Sie werden teilweise variiert: Hamlets berühmte Monologeröffnung „Sein oder Nichtsein, das ist hier die Frage" erscheint als „Heiraten oder Nichtheiraten, das ist hier die Frage" (603). Außerdem werden in ähnlicher Weise Sinnsprüche und Epigramme eingesetzt.[59]

Farben

Eine besondere Rolle nehmen im Roman Farben ein (Vgl. Oskars Erinnerungen im Kleiderschrank Dorotheas, 649 ff.: mit Farben wie

---

58 Protokoll des Übersetzertreffens, S. 1.
59 Vgl. dazu: Edyta Blachut: *Sprachspiel mit Sprichwörtern bei Günter Grass.* In: Germanica Wratislavensia 122, Acta Universitatis Wratislaviensis Nr. 2174, Wroclaw 2000, S. 137–145.

3.6   Stil und Sprache

marineblau, himbeerfarben, goldgestickt usw., gipfelnd im Gegensatz von schwarz und weiß, dem Gegensatz von Angst / Schuld – Schwarze Köchin – und Liebe / Unschuld – weiße Krankenschwester). Der Roman beginnt mit der Beschreibung von Oskars Zimmer, das in Weiß gehalten ist. Weiß ist die Farbe des Krankenhauses, der Liebe und der Unschuld. Oskars „Unschuld" wird nur durch die Isolation möglich, wird diese, wie am Ende , aufgehoben, sieht er sich der Schuld, dem Schwarz, ausgesetzt. Die Wohnung der Matzeraths ist vorwiegend dunkel gefärbt: Schwarz dominiert, am hellsten ist der „hellbraune Radioapparat" (50). – Grass hat Farben stets Aufmerksamkeit geschenkt, hielt Grau für einen ihn „bestimmenden Grundwert", der sich mit dem Verzicht auf „reine Farbe" verbinde, „den absoluten Größen, dem ideologischen Weiß oder Schwarz"[60].

Literarische Verweise

Sprache und Stil weisen auf Anleihen bei anderen Schriftstellern, auch Dostojewski hin. Grass gibt Hinweise, indem er einen Maler, der immer von *Schuld und Sühne* spricht, Raskolnikoff nennt. Die Parallelen gehen weiter, von Grass eingeräumt: Er habe, schrieb er 1989, „als Zwölf- oder Dreizehnjähriger, ohne recht zu begreifen, was ich las, über Dostojewski mit roten Ohren (gehockt), ein Leseerlebnis, nachwirkend bis heute"[61]. Dostojewski stand, wie Fülöp-Millers *Der heilige Teufel. Rasputin und die Frauen*, im verglasten Bücherschrank seiner Mutter. Auf Dostojewski weist der analytische Versuch hin, einer den falschen Weg gegangenen Jugend und Nation einen gewaltlosen Weg aus dem sittlichen Chaos zu weisen,

Anleihen bei Dostojewski

---

60   Vgl. David Roberts: *„Gesinnungsästhetik"? Günter Grass, Schreiben nach Auschwitz* (1990). In: Paul Michael Lützeler (Hg.): Poetik der Autoren. Beiträge zur deutschsprachigen Gegenwartsliteratur. Frankfurt/M. 1994, S. 239 f.
61   Grass, *Zeuge*, S. 193.

3.6 Stil und Sprache

dabei aber feststellen zu müssen, dass es einen solchen Weg nicht gibt. So wie Dostojewski einen russischen Messianismus verkündete, lässt Grass seinen Oskar Matzerath den Messias mimen (774), der aber mit Satan eins ist. Eine Erlösung ist nicht in Sicht; der ernsthafte Versuch ist nur noch als Farce möglich. Die allerdings wird auf höchster Stilebene geboten: Oskar sieht sich Gottvater, dem eingeborenen Sohn und dem Geist ebenbürtig, weiß sich in der „Nachfolge Christi", ist ihr aber „mit Unlust verpflichtet" (459).

Vorbild Barockliteratur

Danzig und Oskar Matzerath haben sprachlich eine seismographische Funktion und lenken den Leser immer wieder auf Hauptgestalt und Hauptort hin, auch auf eine bestimmte Literatur. Die *Blechtrommel* hatte Kritiker immer wieder an die Barockliteratur erinnert. Das hängt mit der deutlichen, lustvollen und sinnlich geprägten Sprache zusammen, mit den Verwendungen pommerscher Begriffe und dem Einsatz ungewöhnlicher Satzmelodien:

> „Sie pfiff, ohne ein Lied zu meinen, und scharrte mit dem Haselstock die erste gare Kartoffel aus der Asche. Weit genug schob sie die Bulve neben den schwelenden Krautberg, damit der Wind sie streifte und abkühlte. Ein spitzer Ast spießte dann die angekohlte und krustig geplatzte Knolle, hielt diese vor ihren Mund, der nicht mehr pfiff, sondern zwischen windtrocknen, gesprungenen Lippen Asche und Erde von der Pelle blies." (15)

Die synonymische Folge von „Kartoffel–Bulve–Knolle" und die Personalisierung der Objekte sind typische sprachliche Mittel Grass': Der „spitze Ast" und der „Mund" gehen eine stilistische Beziehung ein, die jene erotisierenden Merkmale enthält, die kurz darauf zur Zeugung von Oskars Mutter führen. Nicht umsonst wurde Grass immer wieder eine sinnliche Sprache bescheinigt.

3.6 Stil und Sprache

Das Erzählen in Gegensätzen bestimmt die gesamte sprachliche Gestaltung und wird zur Erzählmethode erhoben.[62] Grass brachte „mancherlei Voraussetzungen für die Komposition von Gegensätzen mit"[63], erklärte Walter Höllerer, und verwies unter anderem auf die deutsch-polnische Herkunft des Schriftstellers, auf seine Doppelbegabung als Autor und Künstler. Im Roman stehen sich Goethes *Wahlverwandtschaften* und Rasputin als gegensätzliche Bildungsinhalte gegenüber, Oskar zählt ähnliche Gegensätze mehrfach auf, darunter „Hänschenklein und Karl der Große, David und Goliath, Mann im Ohr und Gardemaß" (71)[64]. Bebra beschreibt Oskar als Gegensatz von „Göttlichem" und „Teuflischem" (221), Oskar empfindet Roswitha Ragunas Hand als „blutjunge uralte Hand" (220) und sieht als seine Götter Dionysos und Apollo (423) an. Frauengestalten sind, wie Regina Raeck, Luzie Rennwand und die spätere Tulla Pokriefke „heftig abstoßend und faszinierend zugleich" (560) usw.

Erzählen in Gegensätzen

---

62 Stolz nennt Oskar einen „in Gegensatzpaaren schwelgenden Erzähler", S. 130.

63 Walter Höllerer: *Unterm Floß*. In: Neuhaus, Stuttgart 1997, S. 100.

64 Diese Methode wandte Grass kontinuierlich an. Als 1968 das tausendjährige Jubiläum der Domstadt Meißen begangen wurde, hatte Grass 1966 für den Komponisten Wolfgang Hufschmidt einen antiphonisch gesetzten Text zu Luthers *Tedeum Laudamus* geschrieben. Er wollte damit dem Christentum den Atheismus, dem Glauben den Zweifel gegenüberstellen.

3.7 Interpretationsansätze

ZUSAMMEN-
FASSUNG

→ Die Familiengeschichte der Matzeraths ist auch deutsche
Nationalgeschichte und eine Geschichte der Schuld.

→ Grass' Erfahrungen mit Deutschland stellen Schuld und
Sühne der Deutschen in den Mittelpunkt und werden
zum durchgehenden Thema. Schuld kann man nur begegnen, wenn sie erkannt worden ist. Die nationale
Schuld der Deutschen wird personalisiert in der individuellen „großen Schuld" (320) des deutschen Oskar
Matzerath unter Polen und Kaschuben.

→ Das Schicksal Oskar Matzeraths kann als Satyrspiel auf
weltliterarische Irrfahrten gelesen werden.

→ Die Danziger Jugend Oskars (und Günter Grass') fällt
zusammen mit Aufstieg und Untergang des deutschen
Nationalsozialismus.

→ Das Erzählen in Gegensätzen wird zur Erzählmethode
erhoben, deutlich in der Gegenüberstellung einer Rasputin-Biografie mit Goethes *Wahlverwandtschaften*. Aus
unterschiedlichen Bildungsinhalten werden unterschiedliche Verhaltensweisen; Opfer und Täter sind dadurch
nicht immer zu trennen. Begriffliche und mentale Gegensätze illustrieren Charaktere und Figuren.

→ Parallelen in der bildenden Kunst: Grass, der auch bildender Künstler ist, hat beim Schreiben Bilder vor Augen gehabt.

3.7   Interpretationsansätze

Familiengeschichte als Nationalgeschichte

Der Roman nutzt Grass' Erfahrungen mit Deutschland aus der Zeit seiner Danziger Kindheit und Jugend. Bezeichnend ist, dass Oskar mit dem Wachsen aufhört, als Grass geboren wird: 1927. Dieser Zeitpunkt fällt zusammen mit dem Aufstieg des deutschen Nationalsozialismus. Das individuelle Schicksal wird zu einer Analyse der deutschen Vergangenheit und Schuld. Die Mehrzahl der Deutschen hatte zwischen 1933 und 1945 Schuld auf sich geladen, der Roman beschreibt und differenziert sie. Die nationale Schuld der Deutschen wird personalisiert in der individuellen „großen Schuld" (320) des deutschen Oskar Matzerath, der vielfältige Schuld auf sich lädt: Er denunziert Bronski an die SS-Heimwehr und trägt zum Tod Alfred Matzeraths bei. Die Vorgänge sind konträr. Bei der ersten Schuld stellt sich Oskar an die Seite der Nationalsozialisten, bei der zweiten bestraft er einen Nationalsozialisten. Sinnbild der zu sühnenden Schuld wird im Roman die „Schwarze Köchin".

Mythische Parallelen – Odysseus, Jesus, der verlorene Sohn u. a.

Das Schicksal Oskar Matzeraths kann als Satyrspiel auf weltliterarisch bedeutsame Irrfahrten gelesen werden. Mehrfach finden sich Hinweise auf Odysseus. Andere Hinweise weisen auf andere Parallelitäten hin, die allesamt mythischen Ursprungs sind oder zum Mythos wurden:

1. Die Ähnlichkeit zwischen Odysseus und Oskar wird so demonstrativ abgelehnt (454), dass sie kaum zu übersehen ist. Die Parallelität ist nicht nur biografisch angelegt (454), sondern wird auch in ein Kunstwerk erhoben: Raskolnikoff malt Oskar als „Odysseus, der heimkehrend seine Penelope mit einem Buckel beschenkt" (657). Bei diesem Sagenkreis

Ilias und *Odyssee*

3.7   Interpretationsansätze

handelt es sich um Ereignisse an der Grenze zwischen Legende und Geschichte, die das menschliche Selbstverständnis wesentlich beeinflusst haben und archetypische Prägungen für Heimatsehnsucht, Heimatverlust, Flucht und Vernichtung wurden. Eine auf diesen Vergleich zielende Interpretation, die von Homers *Ilias* und *Odyssee* ausgehen müsste, fände zu folgenden Ergebnissen: Nach wie vor lösen Kriege Irrfahrten und Vertreibungen aus, auch für Menschen, die nur dadurch schuldig werden, dass sie zum schuldhaft werdenden Teil eines Volkes gehören. Beispiele für solche Irrfahrten erheben sich über das alltägliche Leben und erreichen mythische Größe, wodurch sie fortlaufend rezipierbar werden, solange es diese Kriege und Irrfahrten gibt. Statt des antiken Helden Odysseus handelt es sich um den Zwerg Oskar, der Odysseus an geistigem Vermögen ebenbürtig ist, aber dessen körperliche Situation aus dem Heldenepos das Satyrspiel macht. Selbst die Zweiteilung von zehnjährigem Vorkriegs- und Kriegszustand und einer zehnjährigen Irrfahrt nach dem Krieg ließe sich herauspräparieren. Wegen seiner Irrfahrten gilt Odysseus als Beispiel für Vertreibungen, Irrfahrten und Flucht. Ein weltliterarischer Stoff wird ironisiert. Gerade weil Grass die Ähnlichkeit zwischen Odyssee und seinem Roman negiert, bietet es sich an, beide Werke als historische Irrfahrten miteinander zu vergleichen.

Don Quijote

2. Mehrfach hält sich Oskar für einen Don Quijote und erwartet „von der Literatur mehr Anregungen als vom nackten, tatsächlichen Leben" (362). Oskar ist wie Don Quijote (polnisch: Pan Kichot, Erfindung des spanischen Erzählers Miguel de Cervantes, 1547–1616) ein Ritter von der „traurigen Gestalt". Don Quijote möchte den Verfall des Rittertums aufhalten und

3.7   Interpretationsansätze

sucht mit seinem Diener und Schildträger Sancho Panza Be-
währungsproben eines Ritters: Er kämpft gegen Windmühlen
im Glauben, es seien Riesen, sieht zu rettende Prinzessinnen
usw. – Wie dieser verwandelt Oskar dank seiner Narrheit die
böse Welt in seine groteske Welt und bekennt sich später zur
Narrheit im Sinne Don Quijotes und Hamlets (603).

3. Oskar ähnelt einem verzwergten Faust: Er hat „zwei Seelen"   Goethes *Faust*
(118; Vers 1112 aus *Faust I*) in seiner Brust und will „zu den
Müttern hinabsteigen" (Verse 6217 ff. aus *Faust II*). Oskar
zitiert Goethe, zuerst die „zwei Seelen", mit denen Faust
seinem Famulus Wagner die eigene Spannung zwischen
Wirklichkeit und Ideal erklärt, dann die „Mütter". Die Mütter
sind unbekannte und unnennbare Göttinnen, die um die letzten Geheimnisse wissen und zu denen sich Faust wagt (Vers
6558 ff.). Bei seiner Verhaftung am Ende des Berichts entwirft
Oskar eine große literarische Lösung und sieht sich nach Dante
aus der Hölle oder nach Goethe von den Müttern kommend
(771). Der Drang Oskars unter die Röcke der Großmutter
ist eine satirische Brechung des Weges zu den Müttern und
Ansatz für Oskar als eine satirische Spiegelung Fausts. Auch
Gretchen ist vorhanden. Vordergründig hat dieses Gretchen
nichts mit Goethes *Faust* zu tun, aber genauer betrachtet
wird sie für Oskar, den verzwergten Faust, zum reduzierten
Gretchen aus Goethes *Faust*. So erklären sich zahlreiche
Anspielungen wie die, dass Oskar „gleich einem Gelehrten
die Bücher mied" (119; damit beginnt Fausts Ausbruch bei
Goethe), und Bücher als „Buchstabengräber verfluchte" (119;
Inhalt von Fausts Eröffnungsmonolog) und „auf Kontakt mit
dem einfachen Volk aus war" (119; Fausts Osterspaziergang).
Auch als Oskar später in Dorotheas Abwesenheit deren Zim-

3.7   Interpretationsansätze

mer besucht (643 ff.) und „die innere Ordnung der Möbel"
(647) bewundert, erinnert das an Fausts Besichtigung von
Margaretes Zimmer („Wie atmet rings Gefühl der Stille,/Der
Ordnung, der Zufriedenheit!"). Für die Interpretation, dass
Oskar Matzerath ein reduzierter, verzwergter Faust ist, der
mit Mephisto (Satan) eine Personalunion eingegangen ist und
ihn in seinem Rasputin-Teil bewahrt, finden sich Belege im
Text. Damit wäre Grass' Roman *Die Blechtrommel* in ähnlicher
Weise der Versuch einer Zurücknahme wie Thomas Manns
Doktor Faustus: der Versuch der Zurücknahme von Goethes
Faust. Auch kann Grass' Roman *Die Blechtrommel* als Gegen-
entwurf zu Thomas Manns *Buddenbrooks* gelesen werden:
Dass dort „sich kleinbürgerlich gibt, was hier großbürgerlich
repräsentiert"[65].

Schelmenroman 4. Oskar als „biblische(r) verlorene(r) Sohn" (455), Oskar als
Jesus, Oskar als Satan, und die Kunstfigur Oskar führt auch
das Leben eines modernen Gulliver: Vom ersten Satz aus
kann der Roman als Lügensammlung verstanden werden,
literaturgeschichtlich ein Schelmenroman.

Danzig als Interpretationsschwerpunkt

Danzig ist ein Interpretationsschwerpunkt, ohne die schwierige Geschichte von Stadt und Land gäbe es das Werk Günter Grass' nicht.
Die Geschichte der Stadt gibt Grass in einer ebenso präzisen wie
kurzen Beschreibung wider:

„Zuerst kamen die Rugier, dann kamen die Goten und Gepiden,
sodann die Kaschuben, von denen Oskar in direkter Linie ab-

---

65 Vgl. dazu: Werner Frizen: *Anna Bronskis Röcke – Die Blechtrommel in ursprünglicher Gestalt*. In:
Neuhaus/Hermes, *Danziger Trilogie*, S. 150: Danach gab es eine frühere Fassung in der Form der
Buddenbrooks.

3.7 Interpretationsansätze

stammt. Bald darauf schickten die Polen den Adalbert von Prag. Der kam mit dem Kreuz und wurde von Kaschuben oder Pruzzen mit der Axt erschlagen. Das geschah in einem Fischerdorf, und das Dorf hieß Gyddanyzc. Aus Gyddanyzc machte man Danczik, aus Danczik wurde Dantzig, das sich später Danzig schrieb, und heute heißt Danzig Gdańsk." (520)

Grass gibt dem „Heute" die entscheidende Stellung und erreicht dadurch einen demonstrativen Gestus im Satz. Die Vergangenheit ist für Oskar definitiv abgeschlossen, sowohl sich selbst betreffend als auch seine Stadt: In der kurz gefassten Geschichte Danzigs wechselt der Erzähler ein einziges Mal die Zeitformen. Während er den historischen Ablauf im Imperfekt bietet („kamen", „schickten" usw.), schließt er seinen Abriss mit „ … und heute heißt Danzig Gdańsk." Es bleibt kein Raum für Spekulationen.

Die Vergangenheit ist abgeschlossen

Mütter und Väter
Neben dem Ort sind die Mütter wichtig, die Großmutter Anna und die „Schwarze Köchin" sind die Pole, zwischen denen sich Oskars Leben vollzieht. Die Väter bei Grass sind uninteressant. (Oskar geht der Zeugung seiner Mutter nach, der seiner Väter nicht.) Joseph Koljaiczek alias Joseph Wranka, der Großvater, wird schnell wieder aus der Handlung entfernt und nur als Phantom erinnert. Oskars Vater ist noch nebulöser: Niemals wird geklärt, ob es Jan Bronski oder Alfred Matzerath war. Ähnlich ergeht es dem Leser mit Kurt Matzerath: Niemals weiß der Leser, ob Oskar oder sein Vater Alfred ihn gezeugt hat. Die Mutter ist Maria. Das wirkt wie eine Säkularisierung, fast eine Travestie von Christi Geburt.

3.7   Interpretationsansätze

Erzählen in Gegensätzen: Goethe und Rasputin

Oskar Matzerath sieht sich Goethe und Rasputin, Oskars „Lieblings-
autoren" (423), und so, neben anderen Bezugssystemen, germani-
schen und slawischen Traditionen verpflichtet. Er leitet für sich den
Auftrag ab, als Mensch und als Künstler den Ausgleich der Traditionen in einer „gültigen Verknotung" (558) zu erreichen. Oskar
Matzeraths Publikum will wenig vom Ausgleich zwischen Rasputin
und Goethe wissen. Mehr Erfolg hatte er mit Themen wie „Die ersten Milchzähne ... Lange wollene Strümpfe kratzen" usw. (734). Das
korrespondiert mit Grass' Polemik gegen den Biedermeier und Oskars Gedicht *Am Atlantikwall* (444). Biedermeier herrsche im „Land
Pantoffel", wie die Liliputanerin Kitty bei der Besichtigung des At-
lantikwalls singt (444). Das geistige Profil dieses Landes wird, so tei-
len die Erzähler den Lesern mit, geradezu unversehrt aus dem Krieg
hervorgehen und zum Kennzeichen der „Nachkriegszeit" werden
(450). Für den Autor war diese Stelle so wichtig, dass er sowohl
Oskar als auch den auktorialen Erzähler bemüht, sich durch ein
„wir" in direkten Kontakt zum Leser zu begeben. Die Blütezeit des
neuen Biedermeier war die Zeit nach der Währungsreform 1948
(604), als Repräsentant dieser Zeit galt nicht nur für Grass Konrad
Adenauer: In einem Vergleich von Politikern wurde Adenauer als
„der biedermeierliche Restaurateur" bezeichnet.[66]

Anregungen aus der bildenden Kunst

Grass, der auch bildender Künstler ist, hat beim Schreiben ebenso Bilder vor Augen gehabt wie sein Oskar stets auf Fotografien
verweist. Die illustrative Erweiterung des Textes durch bildende
Kunst kann aber hier nur angedeutet werden. Es stellen sich nicht

---

66 Paul Michael Lützeler: *Goethes Faust und der Sozialismus.* In: Basis. Jahrbuch für deutsche Gegenwartsliteratur, hg. von Reinhold Grimm und Jost Hermand, Frankfurt/M 1975, Bd. 5, S. 53.

3.7   Interpretationsansätze

nur beim Leser Bilder ein, sondern es werden Bilder beschrieben, darunter die *Lesende büßende Magdalena* des Pompeo Bat(t)oni (1708–1787), die in der Gemäldegalerie Dresden hing.[67] Andere Bilder werden nicht mit dem Titel genannt, werden aber für den wissenden Leser zur möglichen Parallele und verstärken den Leseeindruck durch visuelle Vorstellungen. Beim Zeugungsvorgang auf dem Kartoffelacker und auch bei späteren ähnlichen Akten könnte Gustave Courbets skandalträchtiger *Der Ursprung der Welt* (1866) Pate gestanden haben, für die Figur der Anna mit den vier Röcken fallen Zeichnungen Ernst Barlachs ein oder seine Plastik *Mutter Erde* (1920), die sitzenden Frauengestalten Ernst Barlachs (Frierende Alte, Drei singende Frauen, Sorgende Frau, Russische Bäuerinnen u. a.) Barlach hatte der dreizehnjährige Grass durch eine Lehrerin kennengelernt, ebenso Käthe Kollwitz (die Mutter-Kind-Bildnisse, der Turm der Mütter und Selbstporträts). Andere Namen sind im Text genannt.

---

67   Dass es sich um dieses Bild und nicht um das gleichnamige Corregios handelt, ergibt sich aus der Beschreibung, die Grass gibt: sie „rang vielfingrig die Hände" (202).

4. REZEPTIONSGESCHICHTE

Sehr hohe Verkaufszahlen, Übersetzungen in 20 Sprachen, eine Vielzahl von Variationen machten seinen Schöpfer zum weltbekannten Schriftsteller und den Roman zum erfolgreichsten der deutschen Nachkriegsliteratur. Der Siegeszug nahm auch in den USA einmalige Ausmaße an.

Volker Schlöndorffs Film *Die Blechtrommel* (1979) wie auch Dramatisierungen verschafften dem Roman zusätzliche Wirkung.

Grass hat in seinem weiteren Werk immer wieder auf den Roman verwiesen und dort angelegte Schicksale weitergeführt. Weltweiter Anerkennung standen auch Parodien und Verunglimpfungen gegenüber.

Die Rezeption hält ungebrochen und unbeeinflusst von den Angriffen auf Roman und Autor an.

Der größte Erfolg der deutschen Nachkriegsliteratur

Erfolg und Ruhm

Bereits in den ersten beiden Jahren nach Erscheinen verkauften sich 150 000 Exemplare des Romans,[68] heute sind es mehr als 3 Millionen Exemplare. *Die Blechtrommel* hat eine Vielzahl von Variationen erlebt, ihren Schöpfer zum weltbekannten Schriftsteller und Nobelpreisträger gemacht und sie wurde der erfolgreichste Roman der deutschen Nachkriegsliteratur. Mehrere Dokumentationen geben

---

68 Wilfried Hauke (Buch und Regie): *Die Blechtrommel-Story*. 3sat am 13. Oktober 2007, 22.05 Uhr.

darüber Auskunft.[69] Die Anerkennung für den Roman traf schon vor
der Veröffentlichung ein. Nachdem Grass die Kapitel 1 und 34 vor
der Gruppe 47 in Großholzleute im Allgäu gelesen hatte, bekam er
den Preis der Gruppe und Verleger drängelten sich, den Roman zu
veröffentlichen. Während Freunde wie Hans Magnus Enzensberger den Roman enthusiastisch lobten (s. S. 121 der vorliegenden
Erläuterung), war andererseits die Empörung groß. Scharfe Kritik
galt dem als obszön, ja als pornografisch gewerteten Inhalt und der
Darstellung der katholischen Kirche. Das Buch wurde in 20 Sprachen, in alle Weltsprachen übersetzt; es ist sein Ehrgeiz, wie Grass
sagte, „den Kleinbürgern aller Länder verquer zu sein".[70]

Variationen und Anknüpfungen anderer Autoren

Zur Nachfolge im literarischen Sinn bekannten sich John Irving[71]
und Salman Rushdie, die Grass' Realitätsabbildung als Methode
übernahmen. Auch im „deutschen Sprachgebiet gibt es Anknüpfun-
gen, doch die sind epigonal geblieben"[72]. Erwähnenswert ist Joa-
chim Seyppels Versuch, dem Kind Oskar in seinem Roman *Torso
Conny der Große* (1969) den Riesen Conny gegenüberzustellen. Eine ähnlich intensive Auseinandersetzung mit der Schuld des all-
täglichen Faschismus stellte Christa Wolfs *Kindheitsmuster* (1976)
dar. Dass in diesem Werk Grass präsent ist und für die bei Christa
Wolf beliebten Zitatmontagen benutzt wurde, ist nachgewiesen.[73]
Es wird kein Glas zersungen, aber „schwarzgesehen"; an der Stelle

---

69 Neuhaus, Stuttgart 1997, S. 164–180; *Kunst oder Pornografie? Der Prozess Grass gegen Ziesel.
    Eine Dokumentation.* München: Lehmann 1969 u. a.
70 Grass, *Zeuge*, S. 102.
71 John Irving schuf mit dem Helden seines Romans *A Prayer for Owen Meany* (1989) einen Nachfol-
    ger Oskars.
72 Grass/Zimmermann, S. 9.
73 Vgl. Rüdiger Bernhardt: *Erinnerung und Entwurf. Zu Christa Wolfs 70. Geburtstag.* In: Germanica
    Wratislaviensia 122. Acta Universitatis Wratislaviensis Nr. 2174, Wroclaw 2000, S. 75.

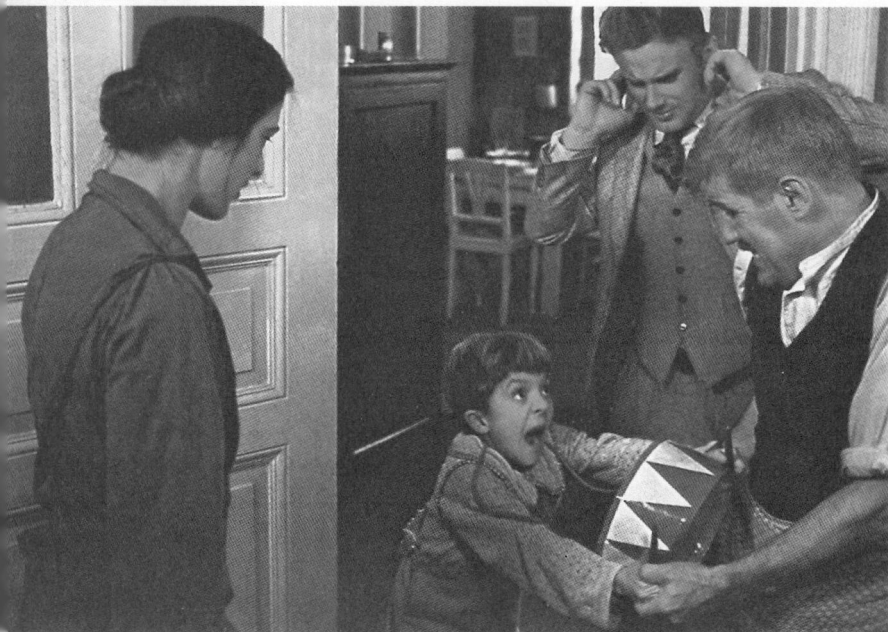

Szene aus dem Film „Die Blechtrommel" (1979) mit Angela Winkler (Agnes), David Bennent (Oskar), Daniel Olbrychski (hinten, Jan Bronski) und Mario Adorf (Alfred Matzerath) © Cinetext

Oskar Matzeraths steht Nelly Jordan. Sie verlieren beide ihre östliche Heimat.

Die Verfilmung (Regie: Volker Schlöndorff)

Am Drehbuch zu Volker Schlöndorffs Film *Die Blechtrommel* (1979) arbeitete Grass mit und autorisierte den Film. Dabei wurden Romanstellen konkretisiert wie der Auszug aus dem *Zigeunerbaron* (72): Im Film spielte Agnes und singt gemeinsam mit Jan „Wer uns getraut? ... Der Dompfaff, der hat uns getraut" aus der Ope-

rette („Operettenschnulze"[74] von Johann Strauß Sohn, 1885). Der
Film ist eine chronologische Szenenfolge bis zur Flucht aus Danzig 1945, nicht Rückblende eines erinnerten Lebensberichts des
Dreißigjährigen 1954. Das 3. Buch fehlt im Film. Dadurch erscheint
der Film optimistischer als das Buch: Der Film führt in eine unbekannte Zukunft, erzählt wird in einem Irrenhaus. In Anbetracht des
umfangreichen Materials, das ausgebreitet werden müsste, kann
auf den Film nur verwiesen werden.[75]

2009 brachten Jan Bosse und der Intendant Armin Petras den
Roman bei der Ruhrtriennale mit dem Ensemble des Maxim-Gor-
ki-Theaters Berlin auf die Bühne: Eine Mischung aus gekürztem
Text und eingeblendeten historischen Fotos diente einmal zur Text-
raffung, zum anderen stellten sie das Familienschicksal in einen
historischen Rahmen. Die Kritik, des Lobes voll, aber auch völlig
die Inszenierung ablehnend, war sich in einem Punkte einig: Die
gesellschaftliche Bedeutung des Romans wurde nicht erreicht, seine provokative Zerstörung verharmlosender Geschichtsklitterung
ging verloren.

*Die Blechtrommel
auf der Bühne*

Handlungsstränge werden in späteren Werken Grass' fortgeführt

Grass hat immer wieder auf den Roman verwiesen: Störtebecker,
einer der Anführer der Stäuber-Bande, trat als Eberhard Starusch
in *örtlich betäubt* (1969) auf und erzählte dort über die Bande. Am
nachdrücklichsten setzte Grass aber die *Blechtrommel* in dem Roman *Die Rättin* (1986) fort. Oskar Matzerath ist inzwischen 60 Jahre
geworden und ein agiler Videoproduzent; der einstige Pfleger Bru-

Verweise auf
Die Blechtrommel
in *Die Rättin*

---

74 Volker Schlöndorff: *Die Blechtrommel.* Tagebuch einer Verfilmung. Darmstadt/Neuwied 1979,
    Eintragung vom 23. Oktober 1978.
75 Vgl. dazu: Neuhaus, 1988 (2000), S. 101 ff.

no ist sein Fahrer geworden. Statt Oskar Matzerath im Bett mit weiß lackierten Gitterstäben hat nun die Rättin im Drahtkäfig mit weiß lackierten Gitterstäben den Auftrag erhalten, die Welt aus der Perspektive von unten zu sehen, eine inzwischen noch katastrophaler gewordene Welt. – Oskar trifft seine Familie beim 107. Geburtstag der Großmutter Anna Koljaiczek wieder, nicht in Bissau, dort ist jetzt der Danziger Flugplatz, sondern in Matern, einem nahen kaschubischen Dorf. Zu Besuch sind auch die Colchics vom Michigansee: Die Legenden über den Großvater Joseph werden nun in die Wirklichkeit zurückgeführt – Joseph Koljaiczek war nach Amerika entkommen und wurde dort im Holzhandel ein schwerreicher Mann, wie es schon im 2. Buch der *Blechtrommel* vermutet wird (458). In einem apokalyptischen Untergangsszenario kehrt Oskar unter die Röcke der Großmutter zurück, „als habe er diesen Ort zeitlebens gesucht. Weg ist er, und ich bin ihn los." (*Die Rättin* VII, 298). Oskar erfüllt sich damit einen sehnlichen Wunsch, den er schon in der *Blechtrommel* mitgeteilt hatte (160, 216: nach dem Tod der Mutter, 275). Die Welt unter den Röcken entspricht der Vorstellung von der Großmutter als Urmutter und den „Müttern", bei denen die letzten Geheimnisse liegen. Die Hoffnung des Erzählers wurde in der *Rättin* erfüllt; er war Oskar Matzerath „los". Das bedeutet nicht, dass er nicht immer wieder auftaucht. Als Grass seine Epochenbilanz in *Mein Jahrhundert* (1999) schrieb, schien er im Kapitel *1927* wieder da zu sein, erzählte auch und wieder die gleichen Geschichten vom „Zarewitsch", nur hatte sich sein Geburtstag inzwischen von den „ersten Septembertagen" 1924 (54) auf „Mitte des goldenen Oktober" 1927 verschoben[76]. Oder anders gesagt: Aus Oskar Matzerath war deutlicher eine Variante des Günter Grass geworden.

---

76 Günter Grass: *Mein Jahrhundert*. Göttingen 1999, S. 98.

Anerkennung und Verrisse

Der Siegeszug der *Blechtrommel* nahm einmalige Ausmaße an. In den USA, wo sie 1963 unter dem Titel *The Tin Drum* erschien, überstieg die Resonanz alle Erwartungen: „Zum überwältigenden Erfolg der *Blechtrommel* in Nordamerika trugen ihr sarkastisch-ironischer Stil sowie der sie kennzeichnende schwarze Humor – von der Schwedischen Akademie als ‚munter schwarze Fabeln' bezeichnet – bei."[77] Bereits Mitte der achtziger Jahre überschritt die Auflagenhöhe in den USA die Millionengrenze. 1986 erschien der Roman in der DDR und die Journalisten gingen davon aus, dass die Leser den Roman kannten, auch als er noch nicht in der DDR erschienen war.[78] Die Besprechung nach seinem Erscheinen bestätigte die Weltbedeutung des Romans, war fasziniert vom Grundeinfall des trommelnden Zwerges und verstand den Roman als rigorosen Bruch mit bürgerlichen Tabus:

Internationale Erfolge

> Mit den Augen Oskar Matzeraths sieht man im Buch das Panoptikum einer Kleinbürgerwelt … Trommler Oskar ist die Figur des protestierenden Außenseiters, der von Ideologien und politischen Bewegungen nichts hält. Aber gerade darin ist er Kleinbürger, dass er von dort her nur Bedrohliches kommen sieht. Allen offiziellen Mythen abhold, wird ihm die ‚schwarze Köchin' aus einem Kinderlied zu einer mythischen Figur der Angst, in der die Lockungen und Bedrängnisse des Sexuellen ebenso wirken wie bedrohliche Weltlagen.[79]

---

77 Henrik Engel: *Das weite Feld*. Günter Grass im angelsächsischen Sprachraum. In: NDL, Heft 1 (2000).

78 Vgl. Berichterstattung über den „Büchner-Preis" von W. K. In: Neues Deutschland vom 13. 10. 1965: „Weder das Feuer an der Wohnung von Grass noch die Flammen, in die Erhards aufgeputschte Jugendliche – ‚in christlicher Notwehr', schreibt der ‚Tagesspiegel' – die ‚Blechtrommel' warfen, noch all die anderen Schikanen haben die Preisverleihung verhindern können."

79 Frank Wagner: *Panoptikum einer Kleinbürgerwelt*. In: Neues Deutschland (Berlin) vom 02. 09. 1987.

Tiefpunkte

Höhepunkten in der weltweiten Rezeption der Werke Grass' standen in Deutschland Tiefpunkte gegenüber: 1984 erfolgte eine radikale Attacke gegen Grass durch den Schriftsteller Eckhard Henscheid im *Merkur*, der den Roman als „Riesenschmonsus"[80] bezeichnete, bei dem nichts stimme. Es war ein Verriss, der auch durch Henscheidts Satire-Bemühung nicht akzeptabler wurde. Den tiefsten Punkt erreichte Elke Heidenreich, ehemals Moderatorin des ZDF-Magazins „Lesen!", die im April 2007 in einem Interview in *Cicero*[81] die Literatur von Grass und Walser als „ganz ekelhafte Altmännerliteratur" von „eitlen, alten Männern" bezeichnete, wobei sie nach eigener Angabe von Walser und wahrscheinlich auch von Grass seit 1987 nichts mehr gelesen hat. Grass beurteilte diese kalkulierte Entgleisung treffend: „Das ist an Dummheit und Unverschämtheit nicht mehr zu übertreffen … Sie wissen, welche Wirkung diese Frau auf den Buchhandel hat. Nicht nur wir beide, sondern eine Vielzahl von Autoren sind von diesen Dummheiten betroffen. Wir beide können von unseren Büchern leben. Aber für andere sind solche Urteile absolut vernichtend."[82]

Der Roman ist bis in die Gegenwart aktuelle Warnliteratur

Grass und Walser

Ein Höhepunkt der Aufmerksamkeit für Grass und seine Werke wurde das „Gipfeltreffen der beiden berühmtesten deutschen Schriftsteller" Günter Grass und Martin Walser anlässlich ihrer bevorstehenden 80. Geburtstage zum Gespräch mit der ZEIT (Nr. 25 vom 14. Juni 2007). Grass bemerkte in diesem umfangreichen Interview, seine Bücher seien „alle gegen den jeweiligen Zeitgeist ent-

---

80 Vgl. *Radikale Attacken im „Merkur".* In: Der Spiegel vom 17. September 1984, Nr. 38, S. 194.
81 *„Nie wieder ekelhafte Altmännerliteratur!"* Interview mit Elke Heidenreich. Das Gespräch führte Christine Eichel. In: Cicero. Magazin für politische Literatur, April 2007 (Internet-Ausgabe www.cicero.de).
82 *Wer ein Jahr jünger ist, hat keine Ahnung.* Ein ZEIT-Gespräch zwischen Martin Walser und Günter Gras.. In: DIE ZEIT Nr. 25 vom 14. Juni 2007, S. 59.

standen". Schreibantrieb sei immer gewesen, „etwas genauer (zu) wissen", über sich selbst „oder auch gesellschaftliche Dinge. Und dann auch dieser offenbar angeborene Drang ..., daß in mir ständig etwas auf Wörtersuche ist"[83].

Es gilt als eine Volksweisheit, dass ein Schriftsteller sein Publikum endgültig und dauernd erreicht hat, wenn er in den Kanon der Schullektüre und des Germanistik-Studiums Einzug gehalten hat. Das geschah zuerst mit der *Blechtrommel*, mehrere andere Werke von Günter Grass folgten. Eine andere Volksweisheit sagt, ein Schriftsteller sei dann auf der Höhe einer Nationalliteratur angekommen, wenn er parodiert und persifliert werde. Auch das ist mit Grass und seiner *Blechtrommel* geschehen[84], wobei erträgliche Satire weit über-, besser: unterschritten wurde: „Grass ist der lebende Beweis dafür, dass öde Literatur in Deutschland und weltweit eine Chance hat."[85] Dass eine solche Bemerkung auch eine Beleidigung der Millionen Leser von Grass bedeutet, scheint den Autoren in ihrer Selbstherrlichkeit entgangen zu sein. Selbst vor menschenverachtenden Bezeichnungen – Grass als „vernichtete Unperson"[86] (Gerhard Henschel) – schreckte ein Autor nicht zurück und bewies damit, wie wichtig ein Günter Grass für den toleranten Umgang mit gegensätzlichen Meinungen ist. Die meisten Wortmeldungen zum 80. Geburtstag 2007 bezogen sich wiederum auf die *Blechtrommel*, erinnerten an die „heftigen Kontroversen gegen die vermeintliche Pornografie und Gotteslästerung"[87] und bestätigten die einmalige Bedeutung dieses Romans, aber auch der anderen Werke des Schriftstellers. Der Erfolg des Romans *Die Blechtrommel*

Kanonisierung

---

83 DIE ZEIT Nr. 25 vom 14. Juni 2007, S. 59.
84 Anlässlich des 80. Geburtstages erschien die Schmähschrift von Klaus Bittermann (Hg.): *Literatur als Qual und Gequalle. Über den Kulturbetriebsintriganten Günter Grass*, Berlin 2007.
85 Bittermann, S. 13.
86 Bittermann, S. 74.
87 Klaus Walther: *Ein Verfassungspatriot*. In: Freie Presse, Dienstag, 16. Oktober 2007.

ist einmalig in der deutschen Nachkriegsliteratur; er hat ihr und
der deutschen Auseinandersetzung mit dem Nationalsozialismus
zu außergewöhnlichem Ansehen in der Welt verholfen.

5. MATERIALIEN

So wie der Roman enthusiastisch gefeiert wurde, so wurde er auch angegriffen. Von besonderer Art war die Rezension Günter Blöckers in der FAZ, die den Roman ablehnte, aber in Grass einen bedeutenden Schriftsteller sah, der allerdings sein Talent missbrauche:

Blöcker

„Wie dem auch sei, man darf Günter Grass bescheinigen, dass ihm mit seinem Oskar Matzerath, der uns da – von der Wiege in einem Danziger Kolonialwarenladen bis zur wohlverdienten Zelle in einer Heil- und Pflegeanstalt – seine krause Biografie, versetzt mit Zeitgeschichte, ins Ohr trommeln darf, eine allegorische Figur von schwer zu überbietender Scheußlichkeit gelungen ist. ... Freilich, ohne auch nur einmal jene Höhe eines erhabenen Schreckens zu erreichen, wo das Geschehen, bei aller schändlichen Komik, ins Tragische umschläge und damit sinnvoll würde. Sinnvoll, das hieße: wo es kathartische Wirkung erreichte. Doch die bleibt aus, die Lektüre dieses Romans ist ein peinliches Vergnügen, sofern es überhaupt eines ist."[88]

Unter den zahlreichen Rezensionen, die in Dokumentationen nachzulesen sind,[89] fällt die Hans Magnus Enzensbergers auf, der wie kein anderer die Strukturen des Romans erkannte und von Beginn an die gegensätzlichen Aufnahmen und Urteile erwartete. Dass er zum Kriterium machte, der Roman unterscheide sich vom „literarischen Schrebergarten, mögen seine Rabatten sich biedermeierlich oder avanciert-tachistisch geben", ließ die sensible Art der Lektüre erkennen. Die Bedeutung des Romans sah Enzensberger u. a. darin:

Enzensberger

---

88 FAZ (Frankfurter Allgemeine Zeitung) vom 28. 11. 1959.
89 Beispielsweise Neuhaus, Stuttgart 1997, S. 96–163.

„‚Die Blechtrommel' kennt keine Tabus. Gewalttätig wirkt dieser
Roman, weil er alles berührt, als wäre es antastbar … Immer wieder tritt die Erzählung in jene verbotene Sphäre ein, wo sich Ekel
und Sexualität, Tod und Blasphemie begegnen. Was Grass in dieser
Hinsicht einerseits von aller Pornografie trennt, andererseits von
dem sogenannten ‚schonungslosen Realismus' der amerikanischen
Schule unterscheidet, was seine brüsken Eingriffe legitimiert, ja zu
künstlerischen Ruhmestaten macht, das ist die vollkommene Un-
befangenheit, mit der er sie vornimmt."[90]

DDR

Als 1983 in der DDR eine Literaturgeschichte über die *Literatur
der BRD* erschien, wurde der Roman ausführlich behandelt. Es gab
Einschränkungen, da sein „unverkennbar antifaschistischer Stand-
punkt" nur „auf eine stark gefühlsmäßige Ablehnung beschränkt"
bleibe:

„So konnte ‚Die Blechtrommel' zu einer adäquaten epischen Mani-
festation jenes absolut genommenen Nonkonformismus und jener
‚Ideologie der Ideologielosigkeit' werden, die zu der Zeit innerhalb
der ‚Gruppe 47' und unter der literarischen Intelligenz der BRD
die typische geistige Haltung gewesen ist. Dieser Umstand erklärt
vor allem – außer der Schockwirkung, die durch die Darstellung
der Kleinbürgerwelt aus der verfremdeten Zwerg-Perspektive er-
zielt wurde – den Erfolg des Romans, den der von konservativen
und klerikalen Kreisen gegen ihn erhobene Vorwurf der Obszönität
nur noch steigern konnte."[91]

---

90 Hans Magnus Enzensberger: *Wilhelm Meister, auf Blech getrommelt.* Süddeutscher Rundfunk,
    Stuttgart am 18. November 1959. In: Hans Magnus Enzensberger: Einzelheiten. Frankfurt/M.
    1962, S. 21–227, hier: S. 223.
91 Hans-Joachim Bernhard (Leiter eines Autorenkollektivs): *Geschichte der deutschen Literatur.*
    Zwölfter Band: Literatur der BRD. Berlin: Volk und Wissen 1983, S. 193 f.

Als zum 40. Jahrestag des Erscheinens des Romans bei Steidl eine Jubiläumsausgabe mit Originalumschlagsmotiv, 23 CDs mit dem von Günter Grass gelesenen Roman und einem Begleitheft erschien, schrieb Jürgen Manthey darin:

Manthey

„Erschiene ‚Die Blechtrommel' jetzt zum ersten Mal, sie erregte heute noch das gleiche Aufsehen. Als literarisches Ereignis löste sie sogar noch mehr Bewunderung aus als damals, überragte als *literarische* Sensation alles Vergleichbare. Denn nicht mehr lenkte moralische Entrüstung über erotische Tabuverletzungen und den blasphemischen Zuschnitt des Romans ab."[92]

Zahlreich sind die Zeugnisse über die Skandale, die sich um das Buch abspielten. Sie haben ihm zu immer größerer Anerkennung, ihren Verursachern zu ungewolltem kabarettistischem Ruhm verholfen. Als der Bundestagspräsident Wolfgang Thierse 2001 an der Teheraner Beheschti-Universität die Bücher Günter Grass' empfahl, um deutsche Kultur besser kennenzulernen, und dabei bemerkte, wie ein mitgereister CDU-Kollege darauf missbilligend reagierte, empfahl er ihm:

Thierse

„Selbst wenn Ihnen seine politischen Aussagen nicht gefallen, Kollege Brauksiepe: Grass ist ein großer Autor und der einzige lebende deutsche Literatur-Nobelpreisträger."[93]

---

92 Günter Grass: *Die Blechtrommel*. Roman, Jubiläumsausgabe. Göttingen 1999, Begleitheft von Jürgen Manthey.
93 *Personalien*. In: Der Spiegel Nr. 9 (2001), S. 216.

1 SCHNELLÜBERSICHT   2 GÜNTER GRASS:
LEBEN UND WERK   3 TEXTANALYSE UND
-INTERPRETATION

6. PRÜFUNGSAUFGABEN MIT MUSTERLÖSUNGEN

Unter www.königserläuterungen.de/download finden Sie im Internet
zwei weitere Aufgaben mit Musterlösungen.

Die Zahl der Sternchen bezeichnet das Anforderungsniveau
der jeweiligen Aufgabe.

Aufgabe 1 **

**Beschreiben Sie die Stellung des Romans *Die Blechtrommel*
im Schaffen von Günter Grass.**

Der Roman *Die Blechtrommel* war der erste Band der sogenannten
Danziger Trilogie; dem Mittelstück *Katz und Maus* schloss sich der
Roman *Hundejahre* an. Die Handlungen der Trilogie insgesamt haben mit dem Danzig der Zeit vor dem Zweiten Weltkrieg zu tun, also
mit dem besonderen Freistaat Freie Stadt Danzig, der seit dem Versailler Vertrag 1919 unabhängig von Deutschland und Polen sein
sollte, mit beiden jedoch Beziehungen unterhielt. Wurden weltge-
schichtliche Entwicklungen dadurch sowohl territorial als national
in einem abgegrenzten Spannungsraum zusammengeführt, so erfolgte im Roman eine Konzentration durch das Figurenensemble:
Es entstammte vorwiegend einer überschaubaren, unauffälligen,
kleinbürgerlich geprägten Gegend Danzigs, die zugleich der Ort
der Kindheit des Schriftstellers war, und wurde entscheidend durch
die Familie Matzerath geprägt, aus der wiederum der Erzähler Oskar stammte, dessen Sicht eines Außenseiters die Probleme ver-
dichtete und verfremdete. Erwähnt werden kann schließlich, dass
Oskar Matzerath und Günter Grass im gleichen Milieu aufgewach-

sen sind, dass es auch biografische Entsprechungen gibt und der
Leser in dem Gnom eine abgespaltene Variante des Autors sehen
kann, auch wenn Grass direkte autobiografische Bezüge weitgehend ausschließt. Auffallend ist, dass Oskar Matzerath eine böse
Variante einer kleinbürgerlichen Veranlagung ist, wobei das Böse
nicht politisch oder ideologisch, sondern ethisch begründet ist. Er
ist sowohl am Tod seines polnischen Onkels oder Vaters Jan Bronski – das bleibt ungeklärt – bei der Verteidigung der Polnischen
Post als auch am Tod des Mannes seiner Mutter und vielleicht auch
seines Vaters, des Nazis Alfred Matzerath, schuldig. Aus heutiger
Kenntnis kann man in Oskar Matzerath sogar jene böse Variante
einer menschlichen Veranlagung erkennen, die Grass biografisch
partiell mit seinem Glauben an nationalsozialistischen Heroenkult
und seinem Eintritt in die Waffen-SS bediente. Oskar Matzerath
wäre dann eine frühe Beschäftigung mit diesem biografischen Detail. Diese Vorgänge sind zudem mit einer Symbol- und Motivket-
te verflochten, die sie paradigmatisch für deutsche Geschichte im
20. Jahrhundert werden lassen. Grundlegende Bedeutung für das
Gesamtwerk hatte der Schriftsteller auch dadurch, dass einige der
Gestalten immer wieder in anderen Werken auftauchten und dadurch die Handlungen sowohl zeitlich als auch räumlich ausgewei-
tet wurden. Der Roman *Die Blechtrommel* bildete so das themati-
sche Zentrum des belletristischen und autobiografischen Werkes
von Günter Grass und ist zu einem erfolgreichen, aber auch um-
strittenen Werk im 20. Jahrhundert geworden; er wird es im 21.
bleiben. Seine Bedeutung besteht darin, das Entsetzen über eine
mörderische und verbrecherische deutsche Vergangenheit an alltäglicher, kleinbürgerlicher Wirklichkeit zu entwickeln. Da auch die
selten benannte fäkale Seite des Daseins beschrieben wird, bleibt
kaum etwas vom edlen Menschen. Oskar Matzerath ist vielmehr ein
Böser, möchte Satan spielen, wird aber auch da nur zum Zerrbild.

Grass' Roman entlarvt den propagierten Heroismus des Nationalsozialismus als eine Maske, hinter der sich dumpfe Wünsche eines
verbrecherisch agierenden Kleinbürgertums verbergen. In dieser
Konzentration wurde der Roman zu einem Paradigma, nicht zu einer
Analyse: Die ökonomischen Voraussetzungen für den Faschismus,
geschaffen vom Kapital, und der Widerstand gegen ihn geraten
kaum in den Blick.

Die Vorbereitung auf den Roman dauerte lange und schlug sich
in verschiedenen Texten nieder. Bereits der erste Kontakt mit der
Öffentlichkeit, die Lesung vor der Gruppe 47, brachte ihm Anerkennung, die sich seither weltweit verbreitete und anhielt. Sie wurde
auch nicht durch Angriffe, Denunziationen des Romans als Pornografie und bösartige Verunglimpfungen als literarischer Schund ge-
trübt. Wenn Jubiläen und Geburtstage Anlässe von summierender
und wertender Überschau bieten, nimmt der Roman *Die Blechtrommel* einen besonderen Platz ein: Er wird als ein singuläres Werk im
Schaffen des Nobelpreisträgers, aber auch in der deutschsprachigen Literatur nach 1945 hervorgehoben. Die seriöse und ernsthafte
Literaturwissenschaft und -kritik billigte dem Roman zu, bei seinem
Erscheinen eine neue Entwicklung der deutschen Literatur einge-
leitet zu haben. Er wurde auch der erste überragende internationale
Erfolg der deutschen Nachkriegsliteratur und ist bis heute der be-
deutendste geblieben. Das ging sowohl auf die Auseinandersetzung
mit Nationalsozialismus und Zweitem Weltkrieg zurück als auch auf
die beginnende Aussöhnung mit den polnischen Nachbarn. Forma-
le und literarästhetische Merkmale wie der durchgehende Gestus
des Erzählens, der den Roman beherrscht, und auffallende surreale
Züge, wie sie in der Hauptgestalt Oskar Matzerath zu finden sind,
wurden als ästhetische Qualität anerkannt.

Grass' Roman liest sich als die Aufarbeitung von Scham und
Schuld, keiner nachweislich persönlichen Schuld, aber der natio-

nalen Schuld, in die der Faschismus Deutschland und die Deutschen gestürzt hat, die den Geschichtsverlauf maßgeblich veränder-
te und die auch als Schuld des Einzelnen geprüft werden muss. Die
Grass'schen Texte lassen sich als allmähliche Aufarbeitung und Er-
hellung der eigenen Biografie und als Sühne für begangene Feh-
ler lesen. Dadurch wird ihr Warncharakter deutlich. Begriffe wie
„Schande", „Scham" und „Schuld" haben im Roman *Die Blechtrommel* Signalbedeutung: Oskar Matzerath bittet seinen Pfleger Bruno
Münsterberg zu Beginn der *Blechtrommel*, ihm weißes, „unschuldi-
ges Papier" (11) zu kaufen. Sobald es von Oskar benutzt wird, verliert
es seine Unschuld. „Unschuldig" müsse wortwörtlich übertragen
werden, empfahl Grass seinen Übersetzern, und bedeute nicht nur
„jungfräulich".

Aufgabe 2 *

**Stellen Sie die Beziehung zwischen der Stadt Danzig, ande-
ren Städten und der Hauptfigur Oskar Matzerath dar.**

Danzig und Oskar Matzerath, kaschubisch-deutscher Abstammung,
sind konstituierende Elemente des Romans. Danzig ist in zwei der
drei Bücher des Romans zumeist Handlungsort. Wollte man Oskar Matzeraths Leben auf prägende Lebensstationen bringen, so
bestünden sie aus Danzig, Düsseldorf und Paris. Die anderen Orte wie der Atlantikwall, die Orte der Flucht usw. ordnen sich diesen Orten unter. Diese drei Städte sind wichtig, erinnernd an die
überragenden Lebensstationen Heinrich Heines Hamburg, Düsseldorf und Paris. Man kann, ein literarisches Spiel, Oskar Matzerath
in seiner Heil- und Pflegeanstalt auch als eine böse und verzerrte
Variation der Heine'schen Matratzengruft lesen, einem Dichter, den
Günter Grass mochte und dem er feuilletonistisch-essayistisch Auf-

merksamkeit schenkte. Sein Oskar Matzerath und der Heine'sche Trommler im Buch *Le Grand* entstammen der gleichen europäischen Tradition des pikaresken Romans. Die drei Städte sind aber auch Ausdruck eines Aufstiegs von Oskar Matzerath vom kleinbürgerlichen Gnom über den geschäftstüchtigen Künstler in Düsseldorf bis zum neuen Messias, der nach Paris flieht, um dort – repräsentativ – „gen Himmel" (777) fahrend verhaftet zu werden und sich Jesus nennt, und zwei Jahre später, wiederum in Düsseldorf, den Auftrag erhält: „Ich soll mein Bett verlassen, Jünger sammeln, nur weil ich dreißig Jahre zähle." (764).

Oskar Matzerath bestimmt den Roman, seinen Inhalt und die Handlungsorte dadurch, dass er seinen Aufenthalt in einer Heil- und Pflegeanstalt in Düsseldorf, das von da aus eine konstituierende Bedeutung bekommt, zum Erzählen nutzt. Trotz dieser Besonderheit ist bekannt, dass sich Biografisches des Schriftstellers auf Erfahrungen des Oskar Matzerath auflegen ließe und Entsprechungen ergäbe. Daraus kommt auch die Bevorzugung Danzigs, der Kaschubei und des Umlandes. Allerdings muss man die Örtlichkeit genauer beschreiben: Es ist nicht schlechthin Danzig, das als Ort dominiert, sondern Danzig-Langfuhr. In diesem Vorort ist Grass aufgewachsen. Das Langfuhr von einst ist längst kein Vorort mehr, sondern der lebendigste Teil Danzigs und Handelsmittelpunkt der Stadt. Alles, was in dem Roman *Die Blechtrommel* als individuelle Biografie geschieht, kann in die Geschichte und sogar in den Mythos hinein verlängert werden; jedes Ereignis und jede Handlung ist darauf ausgelegt, große Vergleiche zu tragen. Oskar Matzerath und Danzig sind konstituierende Elemente des Romans und gleichzeitig Entsprechungen bzw. Abbilder von Weltgeschichte; Persönlichkeitsgeschichte und Weltgeschichte; sie fallen in der Gestalt Oskar Matzeraths zusammen. Auch Kunstgeschichte und Literaturgeschichte lassen sich einbeziehen und auf ihn projizieren; auf eigenwillige Weise werden die Ereignisse ins Ästhetische transportiert.

Das führt zu einem weiteren Merkmal der künstlerischen Methode: Da die Orte und Figuren stellvertretend stehen für die Orte und Personen der Welt, finden sich in ihnen Merkmale jener Welt, ohne dass sie sich wie in einem Schlüsselroman auflösen ließen. Oskar Matzerath ist weder Günter Grass noch Heinrich Heine, und hat doch von jedem Züge bekommen. Danzig ist nicht nur die wahrnehmbare Stadt, die seit dem Versailler Vertrag nicht mehr zum Deutschen Reich gehörte, sondern ist auch Heimat, Beispiel für die Brutalisierung durch den und die Verbrechen des Nationalsozialismus. Als Grass 1958 Danzig besucht, um für den Roman *Die Blechtrommel* die Orte wieder zu erfahren, ist es keineswegs mehr sein Danzig, sondern Gdańsk. Die Parallelität und Bezüglichkeit zwischen der Vergangenheit und Gegenwart der Stadt Danzig wird noch weiter getrieben: Das Danzig des Romans ist nicht das Gdańsk von heute, nicht einmal ist es identisch mit dem Danzig des jugendlichen Günter Grass. Das Danzig des Romans ist eine Fiktion mit Bestandteilen einer nachprüfbaren Realität, es entsteht eine eigene Welt, die nicht mit den Realitäten von Geschichte und Gegenwart gleichzusetzen ist.

Als Günter Grass den Welterfolg der *Blechtrommel* (1959) weiterzuführen versuchte, kam es zu einer ersten Fortsetzung, der Novelle *Katz und Maus* (1961). Es meldete sich ein Erzähler zu Wort, der einen Ort, „das Krematorium zwischen den Vereinigten Friedhöfen und der Technischen Hochschule" beschrieb (*Katz*, 5), an der Ostsee; jede Lokalbezeichnung – Modlin, Gdingen, Brösen usw. – führt näher an die Identifizierung heran: Auch das ist Danzig; man kennt die Orte aus der *Blechtrommel*. Es ist das Danzig der Literatur. Da gibt es natürlich auch Oskar Matzerath. Zwar kennt ihn der Erzähler nicht persönlich, aber Oskar fällt ihm auf. Im Sommer

1940, im Familienbad „mittenmang... schlug ein etwa dreijähriger Balg monoton hölzern auf eine Kinderblechtrommel und ließ den Nachmittag zu einer höllischen Schmiede werden" (*Katz*, 19).

Aufgabe 3 ***

> **Erklären Sie die Bedeutung des ersten Satzes für den Roman. Wie wird durch ihn das Verhältnis zur umgebenden Wirklichkeit, zur Geschichte und zur Erinnerung bestimmt?**

Die ersten Sätze der Romane des Günter Grass sind berühmt; einer davon, der zum Roman *Der Butt*, wurde zum besten ersten Satz der deutschen Literatur gewählt. Auch der Beginn des Romans *Die Blechtrommel* ist ein Programm. Dabei ist zu unterscheiden, dass die Eröffnung nicht unbedingt als „erster Satz des Romans" bezeichnet werden muss, denn um ihn setzt bald nach der Eröffnung ein Ringen des Erzählers ein.

Zuerst erfährt der Leser, dass in der Eröffnung von einem Ich gesprochen oder geschrieben wird, das sich an ein Publikum bzw. an einen Gesprächspartner wendet. Mit „Zugegeben" beantwortet das Ich eine Frage, die nicht gestellt wird, aber in der Ausgangssituation im Raum zu stehen scheint. Aus der Antwort ohne Frage entsteht der Eindruck eines selbstbewussten Sprechers: Oskar ist zwar in der Heilanstalt, doch für ihn sind die Kranken draußen. – Die genaue Beschreibung des Ichs als „Insasse einer Heil- und Pflegeanstalt", seit den fünfziger Jahren Umschreibung für eine Irrenanstalt, ist Ursache dieser in der Luft liegenden Frage. Ohne Genaues zu wissen, legt die Beschreibung nahe, dass das berichtende Ich der Pflege und der Unterbringung in einer „Anstalt" bedarf. Der Begriff „Anstalt" assoziiert eine geschlossene Einrichtung und lässt

vermuten, dass es sich nicht nur um ein Krankenhaus handelt, sondern um eine gesicherte Unterbringung. Später erfährt man, dass
es sich um eine „Zwangseinweisung" (86) handelte. Diese ersten
Erkenntnisse über den Erzähler legen es nahe, gegenüber seinen
Ausführungen auf Distanz zu gehen. Sie scheinen in verschiedener
Weise unglaubwürdig, verzerrt oder mindestens höchst subjektiv
zu sein. Mit Sicherheit aber sind sie durch das Bewusstsein des
Erzählers gefiltert und erreichen den Leser in der Form, die der Erzähler gestattet. Damit kann erzähltheoretisch eine definitive Aussage getroffen werden: Es handelt sich um einen Ich-Erzähler, der
aus einer Ich-Erzählsituation heraus berichtet. In ihr ist er sowohl
der Erzähler, also das Subjekt des Erzählens, als auch der Gegen-
stand, also das Objekt des Erzählens.

Mit dem Eröffnungswort „Zugegeben" wird sofort mitgeteilt,
dass der Mitteilungswert des Folgenden eingeschränkt ist, dass
dem Bericht nicht geglaubt werden muss, dass alle Einwände auf-
grund der Ausgangssituation ihre Berechtigung haben. Damit werden dem Leser die Entscheidungen über den Wahrheitsgehalt aus
der Hand genommen und an Oskar übertragen. Man muss ihm folgen, will man dem Bericht folgen. Seine Wertung ist die gültige; ob
es auch die richtige Wertung ist, kann nicht entschieden werden.
Damit sind alle Unwahrscheinlichkeiten, Skurrilitäten und Abson-
derlichkeiten, auch sprachlicher Art, begründet. Es handelt sich in
jeder Hinsicht um einen Erzähler, der auf Grund bestimmter Einschränkungen mit dem Leser keine Begegnung in einem gemein-
samen normalen Alltag haben kann. Bereits hier wird angedeutet,
dass sich in Oskars Erzählen Realität und Fiktion, Erlebtes und Er-
fundenes, Nachprüfbares und Gelogenes untrennbar mischen.

In der Fortsetzung des Satzes wird die Situation konkreter: Es
handelt sich nicht schlechthin um eine Psychiatrie, sondern um eine
geschlossene Station: Der Erzähler wird von einem Pfleger beob-

achtet, nicht nur einmal, sondern ständig. Damit wird der Erzähler zum besonderen Fall. Da er sich zudem in einem geschlossenen Raum befindet, der durch ein „Guckloch" überwacht wird, liegt es nahe, ihn als gefährlich einzustufen. Eine zweite definitive Aussage, diesmal moralischer Art, kann getroffen werden: Es handelt sich aller Wahrscheinlichkeit nach um einen Menschen, der sich wegen schwerer Vergehen in einer geschlossenen Anstalt, einer Heil- und Pflegeanstalt, befindet und dort beobachtet wird, da man seine Vergehen psychisch erklärt. Die Beobachtung erfolgt durch einen Pfleger, nicht durch einen Wärter oder Beamten. Es ist also kein Gefängnis, sondern eine geschlossene Station in einer Heil- und Pflegeanstalt. Aller Wahrscheinlichkeit nach handelt es sich um einen Menschen, der psychisch gestört erscheint und dem deshalb, wenn er nun berichtet, nur sehr bedingt glauben geschenkt werden darf. Bald darauf bestätigt der Erzähler, dass er mit seinen Erzählungen dem Pfleger gegenüber diesem „etwas vorgelogen habe".

Damit kommen wir zum letzten Teil des ersten Satzes, der gleichzeitig der schwierigste Teil ist. Er besagt zuerst, dass Oskar nicht durchschaut wird. Aber auch der Grund dafür wird angedeutet. Die Augen des Pflegers sind braun, die des Erzählers blau. Dadurch kann der Pfleger „den Blauäugigen nicht durchschauen". Mit dem Unterschied von Braun und Blau wird ein Spiel mit Farben eröffnet, das den Roman durchzieht und im Gegensatz von Schwarz (Schwarze Köchin) und Weiß (weiß gekleidete Krankenschwestern, weiß lackiertes Bett Oskars usw.) seinen Höhepunkt hat. Geht man den Bedeutungen dieser Farben für die Augen nach, kommt man auf unterschiedliche Bedeutungen: Die blauen Augen sind eines der Kennzeichen des nordischen Menschen in der faschistischen Rassentheorie; die meisten Blauäugigen leben im Norden Europas. Braune Augen dagegen haben etwa 90 % der Menschen, vor allem der überwiegende Teil der südlichen Länder. Da sich die Blauäugigkeit bzw. Helläugigkeit spät entwickelt hat und auf den Norden Europas konzentriert, leitete die nationalsozialistische Rassentheorie daraus ab, im Zusammenhang mit anderen Körpereigenschaften, dass es sich um die am höchsten entwickelte Menschengruppe handelt, die dadurch auserwählt sei. Blaue Augen wurden zu einem Kennzeichen der Reinrassigkeit im Faschismus. Bedenkt man den weiteren Verlauf des Romans, wird dieser Gegensatz völlig ad absurdum geführt, denn Oskars körperliche Beschaffenheit hat außer den blauen Augen nichts, was dieser nationalsozialistischen Rassentheorie entspräche. Dennoch entwickelt er aus der unterschiedlichen Augenfarbe eine Überlegenheit, die den Zeitraum des Berichts von 1952 bis 1954 überdauert und auch in späteren Werken noch vorhanden ist: Bruno wird Oskars Fahrer. Oskars blaue Augen sind indessen auch ein nachdrücklicher Hinweis auf die Vaterschaft Jan Bronskis, denn an ihm bewundert Oskar die „naiv selbstbewußten blauen Schwärmeraugen" (177).

Aufgabe 4 **

Welche Bedeutung hat die „Schwarze Köchin" im Roman? Konfrontieren Sie das Schwarz dieser Figur mit anderen dominierenden Farben.

Dem Weiß der Schwesterntracht wird von Oskar die „Schwarze Köchin" (200) gegenübergestellt, die von nun an für Oskar zum personifizierten Schrecken und zur Verkörperung von Angst wird. Sie stammt aus dem Kinder- und Spiellied „Ist die schwarze Köchin da?", bei dem die Köchin um einen Kreis mit Kindern geht und beim fünften Mal ein Kind mitnimmt. Das geschieht so lange, bis nur noch ein Kind im Kreis bleibt, das die nächste „Köchin aus Amerika" ist.

Für den Roman ist sie als fantastische Figur und als Farbsymbol wesentlich.

Oskar begegnet ihr zuerst an ihrem Ursprungsort, im Kinderlied (76); er hat dafür nichts übrig, da es nicht dem Anspruch seiner Trommel entspricht. Vor allem ist das Kinderlied kein Ersatz, als man ihm die zerstörte Trommel wegnehmen will (78) und er erstmals zur Verteidigung der Trommel erfolgreich Glas zersingt. Dadurch entsteht der Kontrast zwischen dem trommelnden und Glas zersingenden Oskar Matzerath einerseits und dem Kinderlied von der „Schwarzen Köchin" andererseits; zwei gegensätzliche Kunstauffassungen stehen sich gegenüber. Einerseits ist es die Unterhaltungskunst der Masse, die zu Spiel und Gesang einlädt, zum anderen ist es eine Kunst aus individuellem „bloßem Spieltrieb, dem Manierismus einer Spätepoche verfallend, dem L'art pour l'art ergeben" (86). Die „Schwarze Köchin" gehört zur Unterhaltungskunst, ist volkstümlich. Ihr gehört die Neigung des Schriftstellers, nicht der elitären Kunst. Oskars Flucht in die dauernde Dreijährigkeit und sein Verzicht auf Wachstum ist ein Verzicht auf den normalen Umgang mit der Alltäglichkeit, ist Flucht vor Entscheidung und Verantwortung. Mit dieser Flucht verbindet sich Oskars Bindung an Krankenschwestern und an die Farbe Weiß; sie geben ihm die Sicherheit, beschützt und vor Strafe bewahrt zu werden. Schon Schwester Inge und das „Weiß ihrer Schwesterntracht" (200), ihre Brosche verziert mit „rotem Kreuz", werden zu Ruhepunkten für Oskars „gehetztes Trommlerherz" (200). Weiß und Rot werden die Farben der Sicherheit und Ruhe für Oskar, aber auch der Verantwortungslosigkeit, die ihn dem Alltag entziehen. Der aber schreckt ihn in der Gestalt der „Schwarzen Köchin", die auch andere Schreckensfarben mitführt: das Gelb, das Grün eines Sarges. Die Begegnung mit Krankenschwester und „Schwarzer Köchin", mit Weiß und Schwarz, mit beruhigender Isolation und bedrohlichem Alltag ereignete sich in der Praxis des Dr. Hollatz – Oskars Kinderarzt; diese Begegnung begründete den Drang nach Weiß, Krankenschwester und Isolation, die ihm eine Rettungsmöglichkeit boten.

Als Bedrohung aus einem anderen Leben bleibt die „Schwarze Köchin" Oskar präsent und wird wirksam, als er sich letzter Verantwortung durch Flucht entziehen will, die ihn in die Sicherheit von Justiz, Pfleger und Anstalt bringen soll. Das allerdings bereitete sich vor: Als Oskar auf der Suche nach dem toten Greff ist, singt er „angstmachendes, angstvertreibendes Zeug" (411) wie das Lied von der „Schwarzen Köchin". Oskar ist sich bewusst, dass er in dieser Situation nichts mit seiner besonderen Kunst erreichen kann, deshalb widmet er sich solchem „Zeug", mit dem er sich im Alltag zu behaupten versucht. Auffallend ist die Kombination des Gegensatzes von Angstmachen und Angstvertreiben; solche Gegensätze sind für Grass typisch und nicht als dialektische, sich ausschließende Gegensätze zu betrachten, sondern als eine untrennbare Einheit, der man im Alltag ausgesetzt ist. Muss man sich diesem Alltag stellen, ist man gezwungen, sich dieser Spannung auszusetzen.

Das ist der Punkt für den entscheidenden Einsatz der „Schwarzen Köchin". Oskars Situation hat sich insgesamt so zugespitzt, dass er die Flucht in die Heilanstalt erzwingt: Den Freund fordert er auf, ihn des Mordes anzuzeigen; er selbst flieht, um „den Wert der Anzeige zu steigern" (764), gestaltet aber seine Flucht so, dass er gefasst werden muss. Auf der Flucht überkommt ihn echte Furcht, als ihm die „Schwarze Köchin" einfällt, die ihn bis zur Gefangennahme nicht mehr verlässt. Sie, vor der er sich sein „Lebtag nicht … gefürchtet" (769) hat, weil ihm die Rettung bisher immer gelang, verdrängt nun alle anderen Orientierungen, tritt an die Stelle Goethes und Rasputins, „kroch sie mir unter die Haut" (769). Zwar gelingt ihm die Flucht in die Heilanstalt, aber die „Schwarze Köchin", mit der alle Menschen täglich umgehen müssen – auf der Flucht ist „allen

Mitreisenden die Köchin gleich mir bekannt und fürchtenswert"
(770) –, bleibt als Bedrohung vorhanden. Sie wird am Ende Wirklichkeit: Als sich Oskars Unschuld erweist, muss er sein weißes
Gitterbett, das Weiß der Heilanstalt verlassen und ungeschützt in
den Alltag eintreten, wo ihn die „Schwarze Köchin" erwartet. Die
Begegnung mit ihr ist unabweislich: War sie bisher immer hinter
Oskar her und er konnte sich ihr entziehen, kommt sie ihm „fortan
entgegen" (779) und er muss sich ihr stellen.

　　War die Großmutter Anna die Urmutter, aus der alles Leben
kommt, bei der noch die völlige Harmonie und Ruhe war, so ist die
„Schwarze Köchin" ihr Gegensatz (776), das Leben selbst und damit
das Symbol von Schuld und Verantwortung, wie sie im Alltag ständig
gegenwärtig sind. Dem versucht sich Oskar Matzerath zu entziehen,
deshalb drängt er mehrfach zurück unter die Röcke der Großmutter,
ein unerfüllbarer Wunsch. Seine dafür eingesetzten Mittel sind be-
trächtlich, genügen aber letztlich nicht. Die „Schwarze Köchin" ist
die vorhandene Möglichkeit, wissentlich oder unwissentlich schuldig zu werden, und sie ist die damit verbundene Forderung, sich
zu bekennen und zu sühnen. Oskar hat sich bis zu seinem 30. Geburtstag der Verantwortung zu entziehen versucht, nun muss er sie
annehmen. Die „Schwarze Köchin" ist die auf den klaren und ein-
deutigen Begriff gebrachte vielschichtige Irritation des Lebens, die
fortwährende Bedrohung des Individuums und gleichzeitig das alle
Menschen vereinende immer widersprüchlich verlaufende Leben.

LITERATUR

Zitierte Ausgabe:

Grass, Günter: *Die Blechtrommel*. Roman. München: Deutscher Taschenbuch Verlag, 2008 (18. Auflage), identisch mit der von Volker Neuhaus und Daniela Hermes herausgegebenen Werkausgabe (16 Bände und 23 CDs *Die Blechtrommel*), Göttingen: Steidl Verlag, 1997, Bd. 3.

Gesamtausgaben:

Grass, Günter: *Werkausgabe* in 10 Bänden, hg. von Volker Neuhaus. Kritisch durchgesehen, kommentiert und mit Nachworten versehen. Bd. 2 *(Die Blechtrommel)* Darmstadt/Neuwied: Luchterhand, 1987. → Enthält Karten von Danzig, Bd. 2, Tabellen zur Geschichte, Bd. 5 und einen Grass-Lebenslauf mit Selbstaussagen, Bd. 10.

Grass, Günter: *Werke. Göttinger Ausgabe.* 12 Bände (Bd. 2 *Die Blechtrommel*). Hg. von Volker Neuhaus und Daniela Hermes. Göttingen: Steidl Verlag, 2007.

Weitere Werke:

Grass, Günter: *Die Deutschen und ihre Dichter.* Hg. von Daniela Hermes. München: Deutscher Taschenbuchverlag (dtv) 1999 (2. Auflage). → Gibt zu Traditionsbeziehungen, z. B. zu Alfred Döblin und Heinrich Heine, und zur Entstehungsgeschichte wichtige Hinweise.

Grass, Günter: *Freiheit nach Börsenmaß*. In: DIE ZEIT Nr. 19, 4. Mai 2005, S. 1–2.

Grass, Günter: *Beim Häuten der Zwiebel*. Göttingen: Steidl Verlag, 2006. → zitiert als *Zwiebel* und Seitenzahl.

Grass, Günter: *Grimms Wörter. Eine Liebeserklärung.* Göttingen: Steidl Verlag, 2010. → Grass geht auf Oskar, dem er ein Gedicht widmet, und seine Beziehung zum Däumling ein.

Grass, Günter: *Der Autor als fragwürdiger Zeuge.* Hg. von Daniela Hermes. München: Deutscher Taschenbuch Verlag, 1997. → Die Texte sind auch in der Werkausgabe von 1997 zu finden; auf deren Kommentierungen sei ausdrücklich verwiesen.

Grass, Günter/Zimmermann, Harro: *Vom Abenteuer der Aufklärung. Werkstattgespräche.* Göttingen: Steidl Verlag, 2000. → Die Gesprächssammlung ist eine Zusammenfassung der Auskünfte Grass' zu Leben und Schaffen.

Grass, Günter: „Ich bin radikaler geworden". In: Hamburger Abendblatt vom 9./10. April 2011, S. 16/17. → Nimmt zu aktuellen Fragen wie Atomkraft, Wachstum usw. Stellung, die sich für ihn seit Ende des 2. Weltkrieges immer dringlicher stellen.

Lernhilfen und Kommentare für Schüler:

Bernhardt, Rüdiger: *Günter Grass. Katz und Maus.* Hollfeld: C. Bange Verlag, 1. Auflage 2014 (Königs Erläuterungen und Materialien, Band 162).

Bernhardt, Rüdiger: *Günter Grass. Im Krebsgang.* Hollfeld: C. Bange Verlag, 2. Auflage 2014 (Königs Erläuterungen und Materialien, Band 416).

Bernhardt, Rüdiger: *Günter Grass. Hundejahre.* Hollfeld: C. Bange Verlag, 2006 (Königs Erläuterungen und Materialien, Band 442).

Bernhardt, Rüdiger: *Günter Grass. Die Blechtrommel.* Hollfeld: C. Bange Verlag, 2008 (4., aktualisierte Auflage) (Königs Erläuterungen und Materialien, Band 159). → Umfangreicher Vorgänger des vorliegenden Kommentarbandes.

Pelster, Theodor: *Günter Grass.* Stuttgart: Philipp Reclam jun., 1999 (Literaturwissen für Schule und Studium).

Neuhaus, Volker: *Günter Grass. Die Blechtrommel.* Interpretation mit Unterrichtshilfen von Thomas Angenendt. Oldenbourg Interpretationen, Band 16, München: Oldenbourg Schulbuchverlag GmbH, 2000 (4., überarbeitete Auflage).

Neuhaus, Volker: *Günter Grass. Die Blechtrommel.* Erläuterungen und Dokumente. Stuttgart: Philipp Reclam jun., 1997.
→ Unverzichtbares Hilfsmittel für Wort- und Sacherklärungen; empfehlenswerte Materialsammlung zu Skandalen und zur Verfilmung.

Sekundärliteratur:

Arker, Dieter: *Nichts ist vorbei, alles kommt wieder. Untersuchungen zu Günter Grass' „Blechtrommel".* Heidelberg: Carl Winter, 1989 (Beiträge zur neueren Literaturgeschichte. Dritte Folge, Bd. 97).

Arnold, Heinz Ludwig und Franz Josef Görtz (Hg.): *Günter Grass – Dokumente zur politischen Wirkung.* Stuttgart, München, Hannover: Boorberg, 1971.

Arnold, Heinz Ludwig (Hg.): *TEXT + KRITIK, Zeitschrift für Literatur. Heft 1: Günter Grass.* München: edition text + kritik, 7., revidierte Aufl. 1997.

Arnold, Heinz Ludwig (Hg.): *Blech getrommelt. Günter Grass in der Kritik.* Göttingen: Steidl, 1997.

Bittermann, Klaus (Hg.): *Literatur als Qual und Gequalle. Über den Kulturbetriebsintriganten Günter Grass.* Berlin: Edition Tiamat 2007.

Brode, Hanspeter: *Günter Grass (Autorenbücher 17).* München: Verlag C.H. Beck und edition text + kritik, 1979. → Die Einführung ist ein geeignetes Arbeitsbuch mit schnellem Überblick und reichlich Textproben, gut und verständlich, beschreibt Gattungen und simultan die Themen.

Cepl-Kaufmann, Gertrude: *Der Deutschen unauslöschliche Vergangenheit. Günter Grass' Roman Hundejahre.* In: Klassiker der deutschen Literatur. Epochen-Signaturen von der Aufklärung bis zur Gegenwart. Hg. von Gerhard Rupp. Würzburg: Königshausen & Neumann, 1999, S.273–300. → Zusammenhänge der *Danziger Trilogie* werden ebenso herausgestellt wie Besonderheiten der einzelnen Teile.

Cepl-Kaufmann, Gertrude: *R(h)ein gedacht.* Ausgewählte Aufsätze zur Kulturregion Rheinland. Essen: Klartext Verlag, 2007. → Mehrere Aufsätze beschäftigen sich mit Vorbildern für Grass' *Blechtrommel* und die Lokalität Düsseldorfs.

Durzak, Manfred (Hg.): *Zu Günter Grass. Geschichte auf dem poetischen Prüfstand.* Stuttgart: Klett, 1985.

Hauke, Wilfried (Buch und Regie): *Die Blechtrommel-Story.* 3sat am 13. Oktober 2007, 22.05 Uhr.

Hermes, Daniela und Volker Neuhaus (Hg.): *Günter Grass im Ausland. Texte, Daten, Bilder zur Rezeption.* Frankfurt/M.: Luchterhand, 1990 (Sammlung Luchterhand 902).

Jurgensen, Manfred (Hg.): *Grass. Kritik –Thesen – Analysen.* Bern und München: Francke, 1973 (Queensland Studies in German Language and Literature 4).

Jürgs, Michael: *Bürger Grass.* Biografie eines deutschen Dichters. München: C. Bertelsmann Verlag, 2002 (ergänzte, von Grass abgelehnte Ausgabe 2007). → Die gefällig geschriebene Biografie hilft für das Verständnis der Werke nur bedingt weiter und ist als Interpretationshilfe wenig nützlich.

Labroisse, Gerd und Dick van Stekelenburg: *Günter Grass – Ein europäischer Autor?* Amsterdam/Atlanta: GA 1992 (Amsterdamer Beiträge zur neueren Germanistik 35). → Der Band enthält 12 Aufsätze, von denen sich einige mit Einflussbereichen zur Blechtrommel beschäftigen: Aufklärung, Camus und Sisyphos, Bibelbezüge.

Loschütz, Gert (Hg.): *Von Buch zu Buch – Günter Grass in der Kritik. Eine Dokumentation.* Neuwied und Berlin: Hermann Luchterhand Verlag, 1968.

Mayer, Hans: *Felix Krull und Oskar Matzerath. Aspekte des Romans.* In: Das Geschehen und das Schweigen. Frankfurt am Main: Suhrkamp Verlag, 1969.

Mayer, Hans: *Die umerzogene Literatur. Deutsche Schriftsteller und Bücher 1945 – 1967.* Berlin: Siedler-Verlag, 1988. → Hans Mayer kann als Freund und Vertrauter von Grass bezeichnet werden; seine Urteile sind begründet und genau.

Mayer-Iswandy, Claudia: *Günter Grass.* dtv portrait, hg. von Martin Sulzer-Reichel, Nr. 31059. München: Deutscher Taschenbuch Verlag, 2002.

Moser, Sabine: *Günter Grass. Romane und Erzählungen.* Berlin: Erich Schmidt Verlag, 2000 (Klassiker-Lektüren, Bd. 4). → Referierende Zusammenfassung wichtiger Sekundärliteratur ohne orientierende Wertungen, dabei faktografisch ungenau.

Neuhaus, Volker: *Günter Grass* (Realienbuch, Sammlung Metzler Band 179). Stuttgart: Metzler, 1979.

Neuhaus, Volker: *Schreiben gegen die verstreichende Zeit. Zu Leben und Werk von Günter Grass.* München: Deutscher Taschenbuch Verlag, 1997 → Zusammenfassung bekannter und wenig bekannter Materialien in übersichtlicher biografischer Form.

Neuhaus, Volker und Daniela Hermes (Hg.): *Die 'Danziger Trilogie' von Günter Grass. Texte, Daten, Bilder.* Frankfurt/M.: Luchterhand Literaturverlag, 1991 (Sammlung Luchterhand 979).

Øhrgaard, Per: *Günter Grass. Ein deutscher Schriftsteller wird besichtigt.* München: Deutscher Taschenbuch Verlag, 2007.

→ Der dänische Übersetzer und Grass-Biograf führt gelungen
und kenntnisreich in Leben und Werk von Grass ein, unter
Auslassung der Sekundärliteratur und bei fleißigem Gebrauch
der Texte.

Reddick, John: *Eine epische Trilogie des Leidens? Die Blechtrom-
mel, Katz und Maus, Hundejahre.* In: Arnold, Heinz Ludwig
(Hg.): TEXT + KRITIK, Zeitschrift für Literatur. Heft 1/1a:
Günter Grass. München: edition text + kritik, [4]1971.

Reich-Ranicki, Marcel: *Unser Grass.* München: Deutscher
Taschenbuch Verlag, 2005.

Schlöndorff, Volker: *Die Blechtrommel.* Tagebuch einer Verfilmung. Darmstadt/Neuwied: Luchterhand 1979.

Schmidt, Sabine, Jan Blaszkowski und andere: *Oskar – Tulla –
Mahlke.* In Gdańsk unterwegs mit Günter Grass (zweisprachig).
Wydawnictwo „Marpress" Gdańsk 1993. → Für die örtlichen
Verhältnisse und das geschichtliche Danzig ein unentbehrliches
Hilfsmittel mit Karten und Fotos.

Stolz, Dieter: *Günter Grass zur Einführung.* Hamburg: Junius, 1999.

Vormweg, Heinrich: *Günter Grass mit Selbstzeugnissen und Bilddokumenten.* rowohlts monographien Nr. 359, Reinbek bei
Hamburg: Rowohlt Taschenbuchverlag, 1986.

Verfilmungen:

Die Blechtrommel. BRD/FR/CSR/PL 1979.
Regie: Volker Schlöndorff.

Die Blechtrommel-Story. Dokumentarfilm.
Kulturkanal 3sat, 13. 10. 2007.
Buch und Regie: Wilfried Hauke.
→ Film über die Entstehungsgeschichte des Romans mit
Zeitzeugen, u. a. Klaus Wagenbach.

STICHWORTVERZEICHNIS